全国小学生校园美文精品集萃丛书

七色阳光 小少年

欣赏那束受伤的百合

《语文报》编写组 编

时代文艺出版社

图书在版编目（CIP）数据

欣赏那束受伤的百合 /《语文报》编写组编. —长春：时代文艺出版社，2018.8（2023.6重印）
（"七色阳光小少年"全国小学生校园美文精品集萃丛书）

ISBN 978-7-5387-5900-6

Ⅰ. ①欣… Ⅱ. ①语… Ⅲ. ①作文 - 小学 - 选集 Ⅳ. ①H194.4

中国版本图书馆CIP数据核字（2018）第127919号

出 品 人　陈　琛
产品总监　郭力家
责任编辑　刘瑀婷
装帧设计　孙　利
排版制作　隋淑凤

欣赏那束受伤的百合

《语文报》编写组 编

出版发行/时代文艺出版社
地址/长春市福祉大路5788号　龙腾国际大厦A座15层　邮编/130118
总编办/0431-81629751　发行部/0431-81629758
官方微博/weibo.com/tlapress
印刷/北京一鑫印务有限责任公司
开本/700mm×980mm　1/16　字数/153千字　印张/11
版次/2018年8月第1版　印次/2023年6月第5次印刷　定价/34.80元

图书如有印装错误　请寄回印厂调换

编 委 会

目 录

夹缝中的坚强

不做聒噪的蝉 .... 马铖敏 / 002

挥之不去的伤疤 .... 朱中明 / 003

夹缝中的坚强 .... 汪 晨 / 005

怀古望课间 .... 阳 至 / 006

课间"疯神"演义 .... 王若尘 / 008

课间三部曲 .... 鲍阳阳 / 009

课间总动员 .... 马静波 / 011

我眼中的家乡 .... 刘大伟 / 013

黄果树瀑布 .... 丁 娟 / 014

家乡美如画 .... 黄雅琪 / 016

家乡的年味 .... 王若尘 / 017

森林中的探险 .... 何 亮 / 018

都是冠军 .... 陈怡然 / 020

1 和 9 争功 .... 吴浩淼 / 021

小兔子历险记 .... 唐 璨 / 023

插蒜 .... 王小丫 / 024

玩火 .... 陈锦华 / 026

放风筝 .... 尹吉祥 / 028

今天我当家 .... 王启瑞 / 029

欣赏那束受伤的百合

欣赏那束受伤的百合 .... 陈雪娇 / 032

礼物 .... 柯夏泉 / 034

那荡漾的关爱 .... 张虹灵 / 035

我们的艾老师 .... 唐 璨 / 037

老师的嘴 .... 刘 宏 / 038

来自心灵的抉择 .... 凌 锐 / 040

两个无解的不等式 .... 柯夏泉 / 041

另一种爱 .... 寒 月 / 043

那一丝一缕的情谊 .... 刘晓娟 / 044

那一次，我收获特别多 .... 鲍书吉 / 046

那一刻，我懂得了感恩 .... 房立瑞 / 047

妈妈的咳嗽 .... 汤 君 / 049

灶台前的情意 .... 杨 洋 / 050

师生之间 .... 金依蒙 / 052

老师不在的欢乐时光 .... 朱 可 / 054

门派纷争 .... 卢 勇 / 055

谁的课间谁做主 .... 刘大伟 / 057

伞河 .... 鲁 昕 / 058

那倾斜着的雨伞 .... 王梦妍 / 060

那天，雨一直在下 .... 张志凌 / 061

眼泪，流在心里 .... 董鸿宇 / 063

守护那一抹晚霞

守护那一抹晚霞 .... 俞博洋 / 066

月光下，我又拿起了一本书 .... 黄童熙 / 068

快乐向前冲 .... 张婷婷 / 070

假如我有三天自由 .... 梁璨然 / 071

我与作文 .... 朱健瑾 / 074

难忘那期盼的眼神 .... 程悦婷 / 075

难忘你那鼓励的眼神 .... 李艺媛 / 077

难忘你那坚定的眼神 .... 李欣源 / 079

留在心里的感动 .... 刘洛辰 / 080

留点儿记忆在心里 .... 夏小林 / 082

留点儿时间 .... 徐 娟 / 083

留点儿最清纯的眼泪 .... 张晓寒 / 085

留在心底的眼神 .... 崔萧扬 / 086

我的吃货闺密 .... 李恩熙 / 088

我的个性同桌 .... 杨 阳 / 089

我的阳光同桌 .... 蔡凌寒 / 090

我的小屁孩儿同学 .... 包 喆 / 092

母女日记 .... 李 黎 / 093

妈妈，对不起 .... 张 丽 / 096

妈妈的匣子 .... 胡忠静 / 097

夕阳情 .... 蒋益豪 / 099

003

晴天就在眼前

我不再害怕鬼 .... 白　杰 / 102

我不再害怕黑夜 .... 王子璇 / 103

我不再害怕雷电 .... 杨　阳 / 105

那一刻，我有点儿伤心 .... 吴若君 / 106

难过时，给自己一个微笑 .... 晓　涵 / 108

微笑的味道 .... 胡晶晶 / 110

晴天就在眼前 .... 徐　娟 / 112

我的外公 .... 姚　伟 / 113

我的外婆 .... 彭媛媛 / 115

我的“口水弟” .... 范旭升 / 117

我的馋嘴弟弟 .... 宋锦华 / 119

请聆听鸟儿的诉苦 .... 蔡一然 / 120

我心中的烦恼 .... 朱宏俊 / 122

听心 .... 李清香 / 123

如星子滑过夜空 .... 彭涵熙 / 124

往事就在眼前 .... 卢　勇 / 126

那次出门 .... 王　静 / 128

生活就是一首歌 .... 张逾晓 / 129

时光且留住

我们班的交响乐 .... 张吉如 / 132

我们的课间 .... 李立国 / 134

我的精彩六年级 .... 彭媛媛 / 135

时光且留住 .... 夏 青 / 137

我的故事 .... 杜心兰 / 139

假如我是家长 .... 陈锦华 / 140

我的故事 .... 朱宏俊 / 142

我终于读懂了我自己 .... 姚 伟 / 144

快乐的三人世界 .... 王 静 / 145

"老顽童"外婆买衣记 .... 梅 倩 / 146

我的个人空间 .... 鲍书吉 / 148

我的个人空间 .... 蔡一然 / 149

美丽的风景就在眼前 .... 朱宏俊 / 151

夏日里的风景 .... 崔俊娴 / 152

我向往自由 .... 徐 娟 / 154

享受生活 .... 蔡凌寒 / 155

你是我最感激的人 .... 温雅婷 / 157

我心目中的班主任 .... 吴思诗 / 159

我的阳光地带 .... 蔡凌寒 / 160

奶奶的石榴 .... 包 喆 / 161

醒悟的瞬间 .... 汪 晨 / 163

幸福是一种追求 .... 张浚哲 / 165

夹缝中的坚强

　　这是一棵怎样的树啊！透出围墙的枝干在一起纠结着，盘旋着，树干扁而扭曲，爬满了一道道深深的褶子。即使是一棵枯树也比它好看，多丑的树啊！可面对它，我却没有勇气这样说。它丑，但是顽强，我无法得知在这阴暗狭小的夹缝里，它能接受多少阳光的恩惠。

不做聒噪的蝉

马铖敏

我喜欢画画，并且经常获奖。每一次的获奖，都让我的虚荣心又长大三分，骄傲也随之泛滥，直到有一次发生的事，才击毁了我的骄傲。

记得在三年级的一次绘画比赛中，我得了一等奖。那天，得意扬扬的我捧着奖状，蹦蹦跳跳地往家走，一边走一边想："老爸老妈会给我什么奖励呢？"我越想越开心，不禁笑出声来。

到了家，我连鞋都来不及脱，就大声朝爸妈喊道："老爸老妈，我素描比赛获得一等奖啦！"随着我声音的落地，他们的反应却让我大失所望——正在做菜的老妈只是淡淡地说："很好！"而老爸瞅瞅我说："你骄傲什么？不就是一场比赛嘛！"说完他们又干各自的事去了。

什么？你们的女儿这么辛苦地得了第一名，你们就这样对待我？我越想越气愤，越想越难过，委屈得不行！我冲进房间，"啪嗒"一下关上门，索性哭了起来。哭着哭着，我一抬头，瞧见柜子里有一个小盒子。咦？那是什么？拿出来打开一看，里面是一张折叠的奖状，上面写着我爸的名字。哦，我想起爸爸年轻时是村里致富带头人，这张奖状就是村里颁发给爸爸的，可爸爸从来没和我们说过呀！我这才理解刚才爸爸为什么那样训我了。

　　想起一本书上说过，我们要做默默无闻、勤劳的小蜜蜂，不要做大叫大嚷、肤浅的夏蝉。是呀，我得了这么点儿小荣誉又算得了什么呢，其实根本不值得炫耀的。于是，我把自己的奖状和爸爸的奖状一起放进盒子里，放回柜子。

　　从此，每当我得了奖状，都要默默地放进那个盒子里，因为我再也不做夏天里聒噪的蝉了。

挥之不去的伤疤

朱中明

003

　　雨，依旧淅沥地下着，听着窗外渐大的雨声。我仿佛又回到了那一刻，那一刻令我感到伤痛，也令我感到无助。

　　那是一个下着大雨的黄昏。天渐渐黑了，而老师依然在讲台上滔滔不绝地叙述着什么。我感到昏沉沉的，只听见老师那沙哑的声音依旧清晰哄亮。突然，一张纸条映入了我的眼帘，我顺着纸条的方向望去，原来是同桌，他示意我打开纸条。我毫不犹豫地打开了，只见上面赫然写着：笑话一则，《少来这套》。牙医为患者拔牙时说："坐好，放松，不要怕，一点儿都不痛的……马上就好了……"张开嘴巴的患者说："少来这套，我也是牙医！"看完笑话，我的嘴角露出了微笑，谁知，这一丝不易察觉的微笑竟被老师抓住。

　　一只大手按在我作业本上，我吃了一惊，慌乱之中我将写着笑话的那张纸丢了出去，不知道丢到了哪儿。老师面对我打着手势，我顺着老师的手势站了起来，腿微微有些发抖，心里像揣了只兔子似的，"扑通扑通"跳个不停，老师让我复述他刚才所说的话，我茫然地望着老师，脑子里一片空白，什么也说不出来。老师火了，指着我怒道："你是干什么的，刚才我说的话你没听，上哪儿了？成绩才好了一点点就开始翘尾巴了，啊？"老师的连珠炮语轰得我哑口无言，我打消了解释的念头，因为我明白，这时候，一切解释都是苍白无力的。

老师依然在说着我上课不认真的事情，我感到全班的目光都聚集在我的身上，我的脸红到了耳根，感到了火一般的灼热。我恨不得变成老鼠，找个地缝钻进去，在阴暗中度过下半生。

时间一分一秒地过去了，我像一尊塑像供同学们欣赏，老师还在批评着我，我的自尊心被利箭穿透，一种不可言语的疼痛在我全身蔓延开来。

"叮叮叮"一阵急促的铃声打破了尴尬，同学们个个精神抖擞，生机勃勃地走了出去。这铃声使我从困境中走了出来，让我得到了一丝安慰。

我快速地收拾好书包，出了教室，可还是听到了一些冷嘲热讽，看见了同学们鄙夷的目光。那一刻，我觉得自己如同从高空坠入了万丈深渊，从熊熊火焰之中来到了寒风呼啸的雪地，那一种感觉让人生畏，让人毛骨悚然。

我终于体会了被批评的痛楚，那一次的痛楚将我的心上烙下一个永远挥之不去的伤疤。

夹缝中的坚强

汪 晨

今天，我选择经这条岔路去外婆家。

大概有一年多没来这里了。从岔道进去一点儿，心里便有种莫名的亲切，还有便是按捺不住的紧张与激动。虽只是时隔一年，可这里的变化真是不小，一层层高楼拔地而起，一个个小区已见雏形。不宽的马路虽尚未扩建，而比邻的幸福大街却早已相当繁华，想必不久的将来，这里那往日的偏僻也会被满目的繁荣所替代。我左右张望前思后想，我想将这里熟悉而陌生的一切看在眼里，印入脑中。

猛然间，我的目光定格住，脚步也不自觉地停下了。瞧，那墙缝里长出的那棵树！那是一栋即将拆迁的老屋与围墙，围墙与老屋之间只有三厘米左右的距离。可以想象，那树应该不是后来种进去的，没有人会愿意选这么狭小阴暗的空间种树。上一次来的时候，我敢确信没有看到这棵树，而这次来，它却已冒出了围墙，向外伸展。从这么个角落长出一棵树，也算得是奇迹了。

这是一棵怎样的树啊！透出围墙的枝干在一起纠结着，盘旋着，树干扁而扭曲，爬满了一道道深深的褶子。即使是一棵枯树也比它好看，多丑的树啊！可面对他，我却没有勇气这样说。它丑，但是顽强，我无法得知在这阴暗狭小的夹缝里，它能接受多少阳光的恩惠。

但它如此坚强地活着，直到现在却可以使树叶能在阳光中舒展。

我抬头仰望着它，近乎虔诚地仰望！树上的每片叶子都在风的吹拂下在阳光中抖擞着，跳动着，像是精灵，墨绿的精灵，在树干上嬉戏打闹，发出"沙沙"的笑声，它在欢歌！阳光透过绿叶的缝隙落到我的脸上，整棵树似乎散发出圣洁的气息。

突然间，我觉得很感动，一棵树尚且可以为了追求阳光而从晦暗的夹缝中努力拼搏成长，显示其坚强。

而人呢？人不如树吗？

是时候该继续前行了，夹缝中的坚强轻轻敲击着我的心。

怀古望课间

阳　至

　　　　失去了，才知道珍惜。

　　　　　　　　　　　　——题记

不错的，像昙花，一开即逝；像岁月，一去不返。而课间，似乎也不再是我们的天地，它的存在，缥缈虚无，它的灵魂，早随"故人""乘黄鹤而去"……

"想当年，欢声笑语，乐传千里无云"，是过去课间的真实写照，那样的课间，是众望所归，是精彩纷呈的。

哪怕是一个小小的纸团，在空间自由地划几道优美的弧线，哪怕是上演一部"疯神榜",冒着违反纪律的危险,也是小小的兴奋。

"当年",哪怕课间短短的几分钟,各种活动在我们身边百出不穷。那时,较受欢迎的是一种投沙包的游戏,小小的沙布袋在几个朋友间来回穿梭,若被别人砸中,你便"阵亡",被淘汰出局。我也算得上是同学中的"高手","敌方"向我的颈部砸,我会敏捷地蹲下去;当"敌方"向我肚子方向砸,往左向右一闪便是我的绝招;"敌方"瞄准我的脚部时,灵巧地一抬腿,便躲过了沙包的"亲吻"……有一次游戏的情景,我至今历历在目,在多次躲过别人的攻击后,不由得沾沾自喜。不知是谁又拿起沙包向我砸来,我身子一侧,沙包是躲过去了,可地上的石头不肯放过我,我不幸地壮烈倒地,但我英勇地爬起,却是一阵笑声,原来,身上的汗水已将地上的灰尘"牢牢"吸住,我成了一只国宝大熊猫啦!

那时,踢毽子倒也是一种好的选择,最令我佩服的是好友灵,像她的名字一样,她很灵敏。一次课间,她又兴致勃勃地踢起毽子。"一,二,三,四……"我为她数着数。她像一只不知疲倦的小鹿,不一会儿,我便数到了一百个。一些好奇的男生也围拢过来,默默地为她数着数,似乎想看看她的实力。到一百五十个时,她似乎有些体力不支了,突然,她一用力,毽子向左飞过去,我们不由发出一声叹息,可灵眼疾脚快,用左脚一勾,毽子便像听话的小狗又跑回来了,又是一阵惊叹,最后,由于一个调皮同学的碰撞,数字定格在了"一百九十九",大家都很失望,就差一个就过二百大关了!不过,从那以后踢毽子成了大多同学的爱好,既想冲击记录,又能强身健体,一举两得!

精彩的课间永远让我怀念……

"叮叮……"一阵下课铃声,我们收起课本,想来个小小的娱乐,课代表却搬着厚厚的作业进入班级,大声地宣布:"今晚数学作业做到83页。"我们感到一阵晕眩,上一次才做到七十几页呀!赶紧

欣赏那束受伤的百合

课间"疯神"演义

王若尘

008

某省某市某校某班，下课前一分钟，班中安静得出奇，"咚咚"的心跳声十分清晰，只有老师充满疑问，前几分钟都是充满噪音，似乎一下就停了。

下课前十秒钟，学生正在对表，正式进入倒计时："十，九，八，七，六，五，四，三，二，一！"悠扬的下课铃声响起，几乎在同一时间，"轰"的巨响震动了教学楼，震动了学校，震动了所有人的心，宣布正式进入"疯神"时代。

同学们四散开来，又立刻凝聚成一个个群体。千变万化，不可捉摸。

"疯神"之首位，当属小Z一派。该派分为两帮，小Z一帮身强力壮，小W一派却弱不禁风。一句话挑开争端，小Z正式"入侵"小W，小W采取英勇抗战，一群聚合为统一战线，联合对抗力壮的小Z，双拳难敌四手，小Z败退。一会儿，小Z集结"五大高手"全面进攻，小W见敌方势力强大，化整为零，各自逃逸，小Z也分散进攻，自己独追小W，小W有备，扔出三颗"炮弹"（粉笔）与一发火箭（书），却均为小Z躲开，小Z抄起小W的"炮弹"向他扔出，一声惨叫之后，小W英勇牺牲……

"疯神"之次位，属小Y之派，该派在一起聚集于一隅，世说新语，时时爆发惊人笑声，虽说不是疯狂，却十分无厘头。领头小Y正讲述《大话李云龙》："话说李云龙身跨赤兔马，头戴防暴头盔，肩负黄金AK，手持加特林，左手阿富汗军刀，腰插沙漠之鹰率独立团疾驰而去，大有一副刀在手天下我有的豪迈气概……"他唾沫飞扬，手脚并用，说得有声有色，其它观众笑声不断……

左手单提迷彩重狙，右手反腕别阿富汗军刀。

还有食派、作业派与单挑派，班级似乎是热闹的菜市，笑声与叫声并存。

时间来得快去得也快，当悠扬的上课铃声再次响起，小Z停止了群殴小W，小Y停止了"世说新语"，老班（班主任）的驾到，将疯狂的"疯神"时代彻底冻结。"封神"时代开始，小"疯神"们默默等待着下一个"疯神"时代的到来……

009

课间三部曲

鲍阳阳

唉！一堂无味的数学课，笔记抄了几黑板，看看手表，要下课了。正准备收拾东西，看四周，他们早都收拾好了，铃声一响，老师刚走，同学们"哗"地活跃起来。

NO.1

"哈……哈……"一阵大笑让人"防不胜防"。一看,女生围在一起,打闹嬉笑,一个个笑得前俯后仰,全没有"淑女"风范,简直比男生还疯狂,在教室这窄小的空间打闹,桌椅全部东倒西歪,一个追一个满天地追,连累一个同学被撞,连一声"对不起"也没有。

女生的"玩闹派"告一段落。

NO.2

瞧那边,两个女生围着一本书不停地争论:"林黛玉死得惨,但结局好!""好人自有天怜。""曹雪芹……"俩人围着书叽叽喳喳讨论,说这个写得好,那个写得妙。

这是"文学派"看不惯打闹,全身心投入文学,也有全身心投入"题海"的。

NO.3

男生一个个比老鼠出门还要及时,课间铃一响,直冲门外。

看,一个三五成群,一个形单影只,在走廊小小空间拥挤着。

看,班长王走路背总是驼着,真不懂,个子那么高,驼着背像大猩猩,一点威武样子也没有。

更有人在谈"八卦",尽是些无聊的东西,有心说这个不如去攻克几道题。

当上课铃响起,同学们像一窝蜂向教室跑,门快要倒了。

不过这预备铃响,也没让同学们安分守己。

看，那个在眉飞色舞地说着，这个在奋笔疾书，想着最后一道公式，没一个静下心来。

等老师走进教室，教室的哄乱立即停止，又是一堂课。

每节如此，每天重复。

课间总动员

马静波

"丁零零……"随着这清脆的铃声，课间开始了。同学们可是争分夺秒，还振振有词地喊道："一寸光阴一寸金！"看看吧！他们是怎样度过这"如金子一般"的时间的。

第一派："无影派"

当老师前脚刚迈出大门时，他们就以火箭一般的速度从桌子里拿出作业与笔，当然作业是两本，拿起笔，在本子上"唰唰"地写着，笔在他的手中已看不清，走过其旁边，只觉得什么东西在动，而且有一股强劲的龙卷风。这也许就是现代版的"佛山无影手"吧！这技术，可以练出来的，咱们一般人可是学不会的呀！

第二派："放水派"

他们与匆忙的"无影派"比起来可是悠闲多了。一大堆男生肩靠肩，向前缓缓移动；一大群女生，手拉手，笑声中她们向前蹀步。"放完了水"，他们又会悠然自得地向班级走去，经常是踩点上课，老师已准备上课了，他们会悠然打着报告，又缓慢向自己的座位走去。他们的悠然与散漫真可以申请"世界最悠闲奖了"！

第三派："娱乐派"

这一派的成员大多为女生，围在一起左手饮料，右手零食，在一起叽叽喳喳地讨论着：韩庚的新专辑、《一起又看流星雨》中的感人情节，以及哪个男生最帅、家里怎么有钱、女生怎么好看、怎么打扮……男生则一小堆一小堆在一起，讨论的无非是CF玩到哪一区了？什么武器利害，"开心农场"上的菜怎么样？QQ玩到什么钻了……他们的娱乐信息真是五花八门，多得数不清，他们真可以联合扮一刊娱乐杂志了，一定特别热销——因为全呀。

第四派："武打派"

这一派的主动者多为女生，而被动者则全为男生。前天，男生甲惹怒了女生乙，甲的美好生活也就此终此了，首先他迎来的是一顿拳打脚踢，接着是书，与书包的轮番攻击——当然是甲的。最后，是班主任那里的一纸诉状，可怜的甲是"屋漏逢阴雨""雪上加霜"呀！

……

课间毕竟只有短短的十分钟，但乐趣是无穷无尽的！精彩也是永不止息的！

我眼中的家乡

刘大伟

　　我的家乡是在农村。还记得我小时候在乡下的快乐时光，那段日子真的很美好。我眼中的家乡是美丽的，是丰富多彩的，是蕴涵着浓浓的乡土气息的一个地方。我十分怀念可爱的家乡。

　　村庄里的景色虽说不上秀美与别致，但对于我来讲却是景色宜人，别有韵味的。这里空气清新，一次深呼吸都会使我心旷神怡。一棵高大的树，一朵美丽妖娆的花，一根嫩绿的草和这里的所有事物，都会勾起我对童年的回忆。有一棵高大巍峨的树，相传有几百年的历史了。河水里有水草，还有一些鱼虾呢，河边上的柳树婀娜多姿。这些寻常的景色，在我眼中却十分美丽耀人，散发出美丽的气息。

　　我小时候在乡下度过。从我记事起，就有了一条黑乎乎的狗。它是三姥家的，至今约有十几岁了，是一条忠诚的狗。我特别喜欢把东西给它吃。当初我家也有几条狗，但都已经逝去了。就是因为这样，所以我才格外喜欢它。

　　我更喜欢家乡的人。乡村的人是热情的，是真诚的，是善良的，乡下的人一天过得很充实。孩子们每天打打闹闹，相互学习着。大人们有的在田里干活，纯朴的出去打工，有的在家里忙些家务事，有的左邻右舍在一起闲聊。乡村的人就是这样，一天又一天地生活。

乡村里的事更是别有一番色彩。我记得，有一个很有意思的事，那里似乎是暑假期间，我和大姐在家看电视看了很长时间，以至于电视被烧了，发散出烟味。我还不懂事，就找到妈妈对她说："妈妈，家里有烤山芋的味道。"回想起来，真是乐趣无穷。还有一次，我家院子里有几只青绿色的癞蛤蟆。我和大姐知道它们爱吃蚯蚓，就到屋外挖蚯蚓。挖着挖着，我挖到一个黑不溜秋的东西，既像泥鳅，又像蚯蚓，还有点儿像蚂蟥，可以称它"三不像"。我们跑到家中，问妈妈这是什么。妈妈惊讶地对我们说："这是蚂蟥，吸人血的。"说完，我就把手中的蚂蟥拍到地上。我吓一跳，至今还有点儿后怕。这件事一直刻在我心头上，让我忘不了。

现在，我已经很长时间没回去探望家乡了。我眼中的家乡就是这样：景色美，人热情，事多且又很新奇。我对家乡充满着向往和留恋之情，我会记住那段美好的岁月，记住那美丽的家乡啊！

014

黄果树瀑布

丁 娟

今天，我来到了久负盛名的黄果树大瀑布。

刚进入景区就隐隐约约听见流水声。沿着石阶拾级而上，参天古树、茂林修竹、苍翠浓郁。特别是那一池荷花，红的似霞，白的如雪，让人想起了周敦颐的《爱莲说》中的名句："出淤泥而不染，濯清涟而不妖，中通外直，不蔓不枝，香远益清，亭亭净植，可远观而不可亵玩焉。"到了售票处，瀑布的咆哮声愈发清晰，抬眼望去，但见远山含黛，雨雾蒙蒙，一幅水墨画跃入眼帘。

看瀑布，最佳的地点应是观瀑台。我们上了船，进入幽深的山洞。山洞时而空旷，时而狭窄，时而漆黑，时而从头顶洒下明明灭灭的亮光。我们仿佛穿越时空，进入了神话世界。山洞静极了，连自己的心跳都听得清楚。突然，洞顶上飞出许多蝙蝠，"吱吱"地叫着，有的还掠过我们头顶，一点儿也不怕人。看来它们对游客早已熟视无睹，对于我们的闯入，自然是见怪不怪了。

终于到了观瀑台，瀑布的声音越发响亮。只见一条长长的瀑布似银河决口，从九天飞泻而下。越靠近瀑布，就越被这排山倒海的气势所震撼！它宛如千万头抖动银鬃的雄狮，咆哮着、怒吼着冲下山岗。闭上眼，听水流拍打着山石，发出轰隆的巨响，又恰似万马奔腾。这是一首振聋发聩的交响乐，演奏着大自然的天籁，你犹如置身乐池，听得是热血沸腾，激情四射。这是战斗的号角，这是冲锋的鼓点，震人心魄。瀑布冲入潭中，激起一阵阵薄薄的水雾，白茫茫的。水雾从碧绿的潭水中冉冉升起，像洁白的丝绢，不一会儿就将周围的苍山翠峦披上一层朦胧的纱巾。黛峰隐约其中，如身披薄纱，临水待浴的仙子。瀑布的边角是天然的水帘，一缕缕水柱若珍珠攒集而成。我在想，那水帘洞里会不会还有孙大圣的猴子猴孙呢？这时，一些不安分的水珠飞溅到我的面前，如细碎的珍珠，似飞舞的雪花，打在我的身上，落在我的脸上，冰凉凉的，温柔柔的。啊，我陶醉在这人间仙境里，心旷神怡。

过了很久，我带着万千的不舍，离开了朝思暮想的黄果树瀑布。沿着台阶缓缓而下，身后的美景渐渐模糊，轰隆隆的声音渐行渐远。

家乡美如画

黄雅琪

我的家乡在梅州兴宁，那里十分美丽。

我的家乡没有都市的繁华热闹，没有著名的风景名胜，也没有大海的波澜壮阔。但它却有着一幅风景美如画的山川、田野。

我的家乡是典型的岭南水果之乡。最好吃的水果要数龙眼了。夏天一到，龙眼就成熟了。把龙眼摘下来，剥一个放在嘴里，滑滑的，像巧克力。甜甜的，像糖果。如果站在高处眺望，就可以看见满树都挂满了沉甸甸的果实，还可以闻到龙眼那甜甜的香味。微风吹来了，可爱的龙眼左右摇摆起来，好像在对我们说："谢谢你们，每天对我的细心照顾！"

我的家乡是个山清水秀的地方。当春风拂醒了大地时，家乡就像穿上了一件绿衣裳。山是碧绿色的，像一块块翡翠。绿的草，绿的树，绿的田野，连湖水也仿佛变成碧绿的了。放眼望去，就像一片片绿色的海洋。

到了晚上，天气晴朗的时候，月亮则像一个害羞的小姑娘，羞答答地从山头探出了半边脸，好奇地看着人间。慢慢地，它终于从山背后全部露出来了，满盆清辉，是那样洁白，那样美丽。伴着皎洁的月光入睡，连梦都是甜美的。

啊！家乡，你是多么的迷人，让我永远不能忘记。

家乡的年味

王若尘

我的家乡坐落在安徽这片广阔的土地上，土生土长的民俗让我的家乡与众不同，每当一年中的最后一天，它们便争相出来彰显自己的风采，家乡浓浓的年味便迸发出来。

但是随着时间的推移，样样都步入现代化，民俗渐渐没入历史长河，还是抓紧时间将它们一一记录下来吧！

在家乡，过年就少了贴对联、放焰火、吃年夜饭，若各地皆如此，便平淡无味，且暂略去，但祭祖是不能免的。

过年就是为了请求来年平安，那么祭祖就是过年的高潮了。在吃年夜饭之前，祭祖是奶奶的习惯。磬是必不可少的，拿出来擦干净，贴上红纸。两挂爆竹，一个祭祖，一个送祖。一桌子好酒好菜，要给老祖宗吃的，那可不能怠慢。虽有些迷信，可这是老一辈传下来的。

时间到了，天空已被黑幕覆盖。老爸拿着一挂爆竹去门外，只听着几声脆响，老爸领着"老祖宗"穿过院子，来到堂屋，屋里一桌子好酒好菜，看得我垂涎欲滴，可按程序，离我吃饭还早得很。无意间瞄到了最后的那个座位，那是……爷爷的座位，看着看着眼睛就湿润了。

酒过三巡，菜过五味。奶奶拿出包着红纸的磬锤，"当，当，当"三声清脆的金属敲击声，铜磬的余音在屋内回荡。我知道，该拜祖了。老爸、老妈、我和奶奶依次带个心愿朝着貌似空空如也的桌子磕头，几乎每年我的愿望就是"成绩优异，全家平安"。但看着奶奶苍白的头发，就情不自禁地加了句："奶奶身体健康，长命百岁。"我知道老祖宗很灵验，这个愿望一定会实现的。

沏完了茶，就该到送祖宗的时间了，老爸拿着一挂爆竹，到门外点燃了它，一阵阵清脆的响声再次响起，代表着来年的幸福平安。

按程序来的话，下面是……对，该吃饭了，忙了一整天，脑袋不累肚子也饿了。一家人围坐在一起，你给我夹菜，我给你敬酒，外面飘着瑞雪，里面映着和美，充满着祥和的气息。这才叫真正的快乐，这才是真正的过年。

森林中的探险

何　亮

"啊——"我的一声尖叫。我发现我不在家中了，而是置身在一片伸手不见五指的森林中了。

我感到十分恐慌，因为这片森林我从来没有来过，我也没有去过任何一片森林。我慌了，我从来没有这么慌过。我只是一步一步地向前走去，走回家了。

可是我没有想到，一双眼睛正在黑暗中盯着我呢，可我毫无察觉。我检查了自己所带物品，什么也没有；又观察了一下四周地面，没有什么野兽出没。我还捡到了一支强力灯筒，用来照明，但我万万想不到，这里还有另外一个人。

我向前走去，突然一条滑滑的东西挂在了我的脖子上，我用力拉出来，在灯光下一看。妈呀，是一条全身斑斓的大蛇。我正要扔掉它，突然间它强开了血盆大口向我扑来。

"哇！"这回真是死定了，这么大的蛇，咬上一口，那小命就不保了呀！就在这千钧一发之刻，一支利箭射穿了这条蛇的嘴巴，杀死了这条蛇。

我获救了，这全都靠那位射箭人救了我啊！这时，那位射箭人现身了，他腰间别着刀，背上背着箭筒，手上拿着精致的弓。他头上有一顶皮帽，长发挡着了他的眼睛和脸庞，给人一种冷的感觉。

他走到我面前，指了指我，又招了招手，示意我跟着他走。我迟疑了一下，觉得被野兽咬死或吃了，还不如跟着他试一试呢！

我跟着他来到一个大峡谷边上，那大峡谷高千丈有余，四面全是悬崖峭壁，不仅人上不去，就连鸟儿都不在那儿飞翔。就在我站在峡谷边上时，那个救我的人却跳了下去。我正好奇，他为什么跳下去呢？一回头，才发现，有个黑衣人在我身后，他也将我推了下去。我只感到好冷，风好大就晕了。

"哇！"又是一声大叫。我醒了，从刚刚的噩梦中惊醒了。哈，原来全是一场梦啊，都是一场幻觉，不用怕。

都是冠军

陈怡然

一天，乌龟裁判对小兔、小马、小狐狸说："今天你们举行一场比赛，规则是穿过一个小树林和一条河，谁先摘到河对岸树上的苹果，谁就赢了。"

比赛开始了，小兔子一边跑一边想：上次和乌龟比赛，要不是我贪睡，早就胜利了，这次我不能贪睡了。于是小兔子跑得飞快，开始遥遥领先，可不一会儿小马也跑了上来。落在后面的小狐狸自言自语道："哼！你们别急，我一会儿就能追上你们！"

比赛继续进行。突然，最后面的小狐狸叫喊："哎哟，我肚子疼！"小兔子听了赶快跑了回来，小马也是飞快地折回，跑向小狐狸。小狐狸看见它们上当，忍不住哈哈大笑起来。小马和小兔子并没有发火，只是生气地转过头，继续往前跑。小狐狸见伙伴们没责怪自己，不禁暗自羞愧。

过了一会儿，小狐狸追上了小兔和小马。它们三个一起跑进了树林里，来到小河边。只见河水虽不是很深，却很湍急，一个小动物单独过河是很危险的。这时，小马想出了一个主意：它让小狐狸和小兔子坐在自己身上，然后背着它们一起过了河。

它们终于来到了大树下，可是大树太高了，它们根本摘不到苹果。小狐狸想出个办法：它站在小马身上，然后再让小兔子站在自己肩膀上……最后，它们终于摘到了苹果。

乌龟裁判说："祝贺你们，你们都是冠军！因为你们团结友爱，体现了友谊第一，比赛第二的友谊至上的精神。"

1和9争功

吴浩淼

十月十日这天，数字王国举国同庆，欢庆数字王国的国庆节。

天气仿佛也很应景，阳光明媚，天空湛蓝透亮，像清水洗过的一样。皇宫中，国王与他的子民们欢聚一堂，乐队奏起了欢快的乐曲，每一个数字都沉浸在欢乐的气氛中。

021

可是就在这时，一个不和谐的声音冒了出来："国王陛下，我不服，为什么1站在我的前面？"众数字定睛一看，原来是9在说话。

"这可是国王陛下排列的，再说数字的排列顺序本来就是1，2，3，4，5，6，7，8，9，我本来就是在你前面的！"数字1理直气壮地说。

9一脸不屑，气势汹汹地来到1面前，用自己高大的身体向1撞去，把1撞倒在地。

"什么，你竟然敢撞我？"1一骨碌爬起来，吃惊地说。同时它的嘴巴又像机关枪似的，冲9开枪了："人人都说我一表人才，写文章一波三折，可见我功劳之大！"

9不服气地还击："人们常说我身高九尺，当初我陪陛下闯天下九死一生，论功劳，你能比得过我吗？"

"我对陛下一心一意，上次救驾我一马当先。"1抢白道。

"你那点儿功劳，只是九牛一毛呀！"9嘲笑着。

"我一言九鼎，以一当十，你行吗？而且九九归一呢。"1反唇相讥，得意扬扬的。

1和9翻脸了。

2和3也在起哄，一会儿说1功劳大，一会儿说9功劳大，两面三刀的本性暴露无遗。5说他学富五车，6说他过五关斩六将，7说他才高七步，8说他威风八面。只有4来劝架："四海之内皆兄弟，大家一心一意过日子，何必分三六九等呀！"

大殿之上混作一团。看到此景，国王十分着急，左右为难，不知道该数落谁才好，连乐队也停下了演奏。

这时，0看到1和9吵得难解难分，赶紧站出来解围："你们这么七嘴八舌地争吵有意思吗？"说罢，0滚到了1右边，1变成了10。

"看吧，我比你大了。"1面露喜色地说。

0又走到了9的右边，9立刻变成了90，9手舞足蹈地对1说："看，我比你大多了吧。"

就在这时，0默默退回原地，1和9顿时不知所措起来。沉默了片刻，0语重心长地开口道："其实，你们的用处不分大小，尺有所短，寸有所长，在适合自己的环境下，你们都能发挥自己的优势。"9和1听了，都红了脸，终于恍然大悟，乖乖地回到了自己的位置上。

于是，皇宫里又传来了《喜洋洋》和《步步高》欢快的乐声。

小兔子历险记

唐　璨

　　一天，兔妈妈对小兔子说，你长大了，应该学会自己去找食吃了。于是，小兔子提着精致的小竹篮子，去采蘑菇了。

　　走着走着，小兔子走进大森林里，只见树木林立，绿草繁茂，鲜花盛开，蝴蝶纷飞。小兔子被眼前的景色吸引住了，停下脚步。这时，一只又大又漂亮的蝴蝶飞了过来，小兔子连忙去追它。蝴蝶扑闪着花翅膀，越飞越远，小兔子紧随其后，也越追越远。突然，从树林深处传来一声恐怖的吼声，一只斑斓老虎跳了出来，张开血盆大口，就朝小兔子扑过来。小兔子吓得浑身发抖，三蹦两跳地躲进了身后的山洞里。

　　老虎眼看着那山洞太狭窄，自己钻不进去，连忙说："小兔子弟弟，你出来玩啊！我刚才做了个鬼脸，又不会吃你的！怕啥呢？"小兔子吓得大气都不敢出，趴在洞里一动不动。老虎见小兔子不出来，便守在洞口附近，溜达来溜达去。

　　这时，一只云雀飞到洞口，小声告诉小兔子："别急，我来帮你吧！"小兔子可怜巴巴地点点头。于是，云雀飞到老虎跟前，说："大王，不好了，不好了，那边有只小兔子要跳河自尽！您快去劝劝吧！"老虎朝洞口望了望，心想，看来这个兔崽子趁我没注意，逃走了？它从鼻孔里哼了一声说："哦，我知道了！"便朝河边跑去。

小兔子钻出洞口，赶紧对云雀道过谢，一溜烟儿跑出好远。跑着跑着，辨别不清方向，找不到回家的路了。天渐渐黑下来，又下起了雨。小兔子急着哭了起来。哭泣声引来正在巡逻的长颈鹿姐姐，她快步走了过来，低下长长的脖子，用鼻子触摸小兔子的耳朵，问道："怎么了小白兔，你迷路了吗？来，你坐到我的背上，我送你回家吧！"于是，小兔子骑在长颈鹿背上，一边往回赶一边把事情的经过说了一遍。长颈鹿语重心长地告诉小兔子，以后不要单独去森林的深处，那儿有许多危险的动物。

就这样，长颈鹿冒着雨，把小兔子安全送到家门口就走了。兔妈妈看见浑身湿透的小兔子，一把搂住。惊魂未定的小兔子把刚刚经历的一切告诉了妈妈。兔妈妈说："孩子，要想生存不容易呀！这次太危险了，幸亏有云雀和长颈鹿的搭救，否则你就回不来了！他们救了你，你可要记住人家的恩情啊！"

024

"是的，我会永远记住他们的救助！我要和他们做一辈子的好朋友！"小兔子重重地点了点头。

插　　蒜

王小丫

生活处处皆学问，往往在琐碎的小事中能学到知识，摸索出规律，还能懂得道理，比如插蒜。

我家门口有一小块空地。奶奶见荒着也是荒着，便开辟成菜园，种些小青菜。每每看到自己种的菜绿油油的，奶奶的脸就笑成一朵灿烂的菊花，特别是得到隔壁阿姨的夸赞，奶奶更是得意。

中秋一过，就到了插蒜的时节，奶奶便忙活开了。一大早就把菜地用钉耙翻开，接着平整，铺些肥料，然后用锄头拖了几条浅浅的小沟，准备插蒜。

看着奶奶累得满头大汗，不时用毛巾擦拭额头的汗珠，我就说："奶奶，您休息会儿，我来帮您插吧。"

"小屁孩儿，你懂啥？不捣乱就不错了。到一边凉快去！"奶奶嗔骂道。

嘿嘿，正中我下怀，我偷着乐，去玩喽！突然，我看见奶奶站在那儿，一只手叉着腰，半天不动。我赶紧跑过去，急切地问："奶奶，您怎么啦？"

"奶奶老啦，不中用了，还没插两行，腰就疼得直不起来了。"

"奶奶，您歇歇，看我的！"我掰开蒜瓣，把它们一个个插进土里。别看我人小，动作可麻利了。奶奶在一旁指点着："轻点儿，轻点儿，别出那么大劲儿！注意插直了……要插一般高……"我哪里听得进奶奶的话，只顾快速地插。插完一行，直起腰，站在垄边定睛一看，傻眼了——那蒜插得歪歪斜斜，如蛇行；高高低低，参差不齐，像训练无素的杂牌军；更糟糕的是有的蒜头竟然插反了，让人啼笑皆非。呵，蒜屁股在上，蒜头在下，无论如何也长不出蒜苗来呀。

我尴尬地笑笑，赶紧拔出来重新插。

接受刚才的教训，我决定利用学过的数学知识，测量行距和深浅，一行插下来，仔细端详端详，不满意的话再调整，再瞅瞅，嘿嘿，终于成一条直线了，几十个蒜瓣就好像一队孪生兄弟站成一排，一模一样，让你分不清谁是谁。奶奶也竖起了大拇指，连声称赞："我孙女还真有两下子呀！"我一听，更来劲儿，一鼓作气，插完了剩下的几行。这时我感到腰酸背疼，胳膊酸得抬不起来，手也有些麻木，不听使唤，额头上的汗水不知不觉流到嘴角，咸咸的。原来劳动这么辛苦！不过虽然累，我却感觉挺自豪的，因为我学会了插蒜，还给奶奶减轻了负担，累得值，我心里美滋滋的。

插完蒜回到家。刚从芜湖回来的爸爸看到我一身泥土，疲惫不堪，便问我跑哪儿疯去了。奶奶指着菜园，开心地说："你女儿会劳动了，帮我插蒜呢，有出息啦！"爸爸一听，爽快地掏出皮夹，高兴地说："好孩子，不错不错，奖励你十元，再接再厉啊！"

接过爸爸的奖励，我开心极了，因为我不仅尝到了劳而所获的甜蜜，还懂得了一个道理——知识不光是从课本中，还可以从生活中学到。

玩　火

陈锦华

小时候，我的好奇心很重，只要是我没玩过的东西，都要想方设法找来玩一玩。而有一次，正是这好奇心，差点儿闯下大祸。

记得那是我七岁的一天。我口渴去厨房倒水喝，突然看到炉灶旁有个小纸盒，打开一看，哇！里面有许多小木棍。咦，这是什么东西呀？我的好奇心涌了上来。就在这时，妈妈走进来，见我手里拿着这个"小盒子"，立刻从我的手中夺过去："这东西很危险，有些小孩子因为玩这个，把家都给烧没了，所以你不能玩这个东西。"说着便把这个"小盒子"放到了灶台顶部。

中午做饭时，我看见妈妈把"小盒子"拿下来，从里面取出一根小木棍，用小木棍黑色的一头在"小盒子"边上一擦。"哧"的一声，燃起一簇小火苗，点着了锅灶里的柴火。

"原来这个东西这么好玩。"我再一次勾起了好奇心，妈妈对我说的话，早已被我抛到九霄云外。

下午，我等妈妈出门去地里干活儿，急忙跑去厨房，站在一个小板凳上，把灶台顶部的"小盒子"拿下来，然后兴奋地跑到一个大草垛旁边，偷偷玩了起来。我学着妈妈的样子擦着了一根小木棍。"哇，真是太好玩了。"我紧盯着火红的小火苗，高兴地想着。可不一会儿小木棍就要烧完了，马上就要烧到我的手了，灼痛感一阵紧似一阵传来，我连忙把火柴棒往大草垛上一扔，一阵风吹来，草垛立刻烧了起来。我害怕起来，一个劲儿地向着火的地方吹气，试图吹灭火舌。哪知火借风势，风助火威，火苗越来越大，还不时发出"噼里啪啦"的声音。这下，我彻底慌了，不知所措，又想起妈妈对我说的话，看来我真闯了大祸。就在这时，看见草垛腾起了黑烟的村民们，纷纷拎着水桶拿着脸盆赶来，有的用水桶倒水，有的端脸盆浇水，也有的用扫把扑打火苗。妈妈听到动静，也连忙赶来。她一把抱住我左看右看，生怕我身上少了点儿什么。我把脸埋进她怀里，羞愧得说不出话来。

火终于被扑灭了。我倒吸了一口凉气，难怪有句成语叫"玩火自焚"，真危险啊，我算是领教了玩火的严重后果。吃一堑，长一智，接受这次教训，我从此再也不玩火了。

夹缝中的坚强

放 风 筝

尹吉祥

暑假里的一天，爸爸说："今晚吃完饭，我和妈妈带你去放风筝！今天放的这个风筝有灯，有灯的风筝在晚上飞上夜空，会很漂亮的。"听完爸爸的话，我恨不得天马上就黑下来。

时间过得真慢，好不容易等到天黑，我举着老鹰风筝，拉着爸妈的手，快步来到了广场上。爸爸说："你先试试吧！"我兴奋地接过风筝，使劲儿把它往空中抛。但风筝像不听我话似的，直挺挺跌落下来。唉，我一直以为放风筝很容易，没想到这么难，于是我说："爸爸，你教教我吧！"

爸爸哈哈大笑说："放风筝并不难，你只要一边把风筝抛上天空，一边拉紧风筝线，拼命奔跑，风筝就会飞起来。你不要急，多练几次，熟能生巧，掌握了技巧就会了。"

我按照爸爸的方法，连续试了几次，都失败了。最后一次，起风了，风筝借着风势一下子就飞上了高空，越飞越高，越飞越远。我追着风筝，放完了手里所有的风筝线，依然控制不了飞高的风筝。这时，我才发现自己是多么的渺小，而天空是多么的高远与广袤，一时间茫然不知所措。突然，手中线圈一松，风筝挣脱了我的掌控，飘飘荡荡飞远了，转眼间就没了踪影。

"哈哈，风筝追求自由去啦！"爸爸笑着逗我。我望着风筝消失的那片天空，怔怔地想："风筝啊风筝，你会飞多高呢？会不会还飞回来呢？"

今天我当家

王启瑞

时常羡慕爸爸妈妈能当家做主，那自豪的劲头让我眼馋。没想到爸爸妈妈看出我的心思，授权让我今天当家，过一过当家的瘾。

我内心乐开了花，闹钟还没响，就一骨碌爬起床。我略微思考了片刻，把今天的任务梳理一遍，安排个先后顺序，尽量做到周密细致，以免出现错误，让爸爸妈妈见笑。

第一件事情就是做家务。首先铺好自己的床铺，再到爸爸妈妈的卧室。唉，太窝囊了，床上凌乱不堪：被子像麻花样绞在一起，枕头呢，一个在床头，一个在地上，被单也皱皱巴巴的，仿佛是故意拧成的。我费了好大的力气才把被子叠好放在阳台上，然后学妈妈的样子，拽着床单的四角，把床单拽直抹平，接着把枕头放置好，最后把被子抱回床上。嘿嘿，现在清爽多了。我又拿起扫帚挨个打扫房间，然后用鸡毛掸子掸拭掉落在家具上的灰尘，再用抹布擦一遍，直到摸不到一点儿灰这才作罢。这时我才觉得自己腰酸腿酸，累得要命，便一屁股坐在沙发上休息。想想平日里妈妈打扫卫生总是显得轻松自如，自己却累得像皮猴，真是自叹不如啊。肚子又咕咕叫了，想起来

029

夹缝中的坚强

还没吃早饭呢，我便将就着给自己泡一袋方便面，吃完直接去菜市场买菜。

菜市场的人真多啊，我硬着头皮挤进去。摊位上的蔬菜品种繁多，数不胜数。对面一个摊位上的西红柿真大，红光满面，我毫不犹豫地买了一斤。接下来买排骨，据说香火猪的排骨无论炖还是红烧，味道都比饲养猪肉鲜美纯正。妈妈说猪肉的表面油漫漫的，光彩照人，就是香火猪。俗话说，货比三家不吃亏，我比对了几家，觉得一位阿姨的猪肉是正宗的，就买了两斤，好贵哦，二十几元一斤。我又买了几样素菜，然后打道回府。

洗好菜，切好菜，已是10点多了，该做午饭了。第一步淘好米，放在电饭锅里。放多少水合适呢？我想起妈妈说过的，将手掌平放于锅底，水刚淹没手背即可。第二步炒菜。首先把西红柿切成片，可我刀法不熟练，切得大小不一，厚薄不一。好不容易切好了，撒上一些白糖，糖钱西红柿就大功告成了。接着是做排骨，洗干净排骨，放到高压锅，十几分钟后关火，稍等几分钟，揭开盖，哦，忘记放盐了，赶紧放一小勺，搅拌，再把事先切好的冬瓜片放到锅里煮十几分钟，然后盛在一个大白瓷碗里，便是清香扑鼻的排骨冬瓜汤。最后炒一盘青菜和一盘青椒肉丝。

爸爸妈妈回来了，品尝着我做的菜，竟然赞不绝口，说色味香俱佳。我心里明白，他们那是在鼓励我呢，我嘿嘿一笑道："多谢夸奖，红包拿来！"爸妈都笑了。

洗过碗，我觉得好累，唉，原来做家务真辛苦。奇怪，我怎么从没有听到爸妈说一声苦一声累呢？

欣赏那束受伤的百合

寻香而去，原来是柜台上刚运进来的百合。洁白的花开放着，像一张张纯真的笑脸，在余晖的映照下，显得更为美丽动人。我不禁想起过几天就是父亲的生日，正愁没什么东西送他，这不正是最好的礼物吗？

欣赏那束受伤的百合

陈雪娇

我独自走在街上，任凭那狂风吼袭，任凭那暴雨浇淋，我的心仿佛在疼痛流血。

我漫无目的地走着，街上的行人渐渐少了。"爸爸！"一个清脆的声音打断了我的思绪。循声望去，那是一对父女，父亲穿着一件衬衫，看上去很冷，女儿穿着差不多有她全身长的西服上衣。显然，那是他父亲的衣服。"爸爸，你冷吗？"小女孩天真地问。"不冷，只要你暖和我就暖和。"爸爸笑着说。"那你背我吧！"小女孩儿笑了，"这样我们就可以都不淋雨了。"父亲弯下腰背起小女孩儿，女孩儿撑起那宽大的西服。我呆呆地站在那儿，目送这对父女，直到他们消失在远方……

我的眼前不禁浮现出那一幕。

今天是父亲的生日，本来我是准备为父亲过生日的，但他却那么不领情。

好多天前，我路过一个花店，花店里的花散发出幽幽的清香，我不禁被吸引住了。寻香而去，原来是柜台上刚运进来的百合。洁白的花开放着，像一张张纯真的笑脸，在余晖的映照下，显得更为美丽动人。我不禁想起过几天就是父亲的生日，正愁没什么东西送他，这不正是最好的礼物吗？于是我省吃俭用，终于盼到了父亲生日的这一天，一大早我就跑到花店买了一大束百合，满心欢喜地往家赶。回来的路上，我想象着父亲收到这束花时的惊喜与欢悦，想象着这束百合陪父亲工作，为父亲解除疲劳的情景……

然而事与愿违，回到家中，父亲正坐在沙发上看报纸，他瞟了一眼我手中的花，又继续看他的报纸，然后问道："这花了多少钱？""爸，这是我送你的生日礼物啊！"我笑嘻嘻地向父亲凑去。"你就知道花钱，买这东西干什么？"父亲冷冷地冒出一句。我有些生气："这可是我的一片心意啊！再说也花不了几个钱。""还花不了几个钱，一年到头什么事情也不做，要吃饭，要穿衣，要读书……还花这些个冤枉钱……"父亲喋喋不休。我简直气疯了，将花摔到地上，哭着跑了出去。

一阵冷风吹来，把我拉回了现实。我抬起头，雨已经小了很多，我也清醒了许多。脑海中浮现出父亲对我不尽的关爱。我怎么能如此不懂事呢？我怎么能这么娇气？我跑回家轻轻地推开门。"妈妈，爸呢？""他出去找你啦！"我愣了一下，刚准备去找爸爸，忽然发现那束百合已被插在一个蓝色的花瓶中。"你也真是的，干吗发那么大脾气，你爸不会说话，其实你爸他……你走后，他捧着那百合，舍不得放。本来花枝也折了，花瓣也散了，可你爸非说还能活……"母亲没再继续说下去。

那束百合静静地站在花瓶里，折损的花瓣已被爸爸抚平，叶片上还残留着细碎的伤痕。这几株花确实活不了多久了，但爸爸这样用心地把它们保护了下来，还细心地在每株花上用红绸打了结，难道爸爸想留住的仅仅是这些花吗？我想象不出爸爸心疼地抚摸那受伤百合的动作，想象不出他那粗糙的大手，怎样系好如此细小的绸结。美丽的百合，受伤的百合，你让我领悟到：温馨的父爱早已浸润了我的整个生命。窗外，雨已停了，只有风儿还徘徊在人们的耳畔。屋内，

欣赏那束受伤的百合

我静静地欣赏着那束受伤而幸福的百合。

礼　　物

柯夏泉

伴随着《师恩难忘》的琅琅读书声，我给蔡老师献上了一束芳香扑鼻的鲜花作为教师节的礼物。这份礼虽小，但却表达着我的一片心意。

今天是教师节。当然，礼物是必不可少的，一大早，我就直奔家门口的一个鲜花店。呵！这里的花真多，娇艳秀丽的牡丹、美丽万分的玫瑰、朴素无华的康乃馨……花朵们相互争奇斗艳，看得人眼花缭乱。最后，我还是捧过一束康乃馨，不停地闻着上面的花香，抚摸着柔软的花瓣。

034

走入校园，我发现每一位老师手上都有一大束鲜花，那鲜花是多么美丽，五颜六色的花瓣上，小水滴顽皮地滚动着，花中间，花蕊嫩黄嫩黄的，仿佛是我们稚嫩的小脸在向老师微笑。是啊！老师每天早早地来到学校给我们上课，晚上又迟迟才归，夜深了，老师还在台灯下批改作业、备课，正如"春蚕到死丝方尽，蜡炬成灰泪始干"中说的那样，老师时刻都在为学生奉献。

不知不觉，我已经走入教室，班主任蔡老师让我们齐声朗读《师恩难忘》，读到一半时，我那急性子终于按捺不住了，于是，伴随着阵阵《师恩难忘》的读书声，我将一束鲜花，不！一片心意献给了老师。此刻，千言万语汇成一句简洁但并不简单的话："老师，您辛苦了！"

教师节，不一样的礼物，一样的心意！

那荡漾的关爱

张虹灵

六年过去了，但是老师那份爱却永存于我的心中。一圈圈荡漾，永不消散。

——题记

那个眼神，坚定中透着些温暖，严厉中透着些和善。谁的眼神，是那么有温度？没错，是我小学班主任——影子老师。

我们的班主任个头不高，短短的蘑菇头，小巧的嘴，但是毫不影响她的能说会道。水汪汪的大眼睛，眨一眨就像在和我们说话。她一笑，那排整齐的牙齿便会露出来——那时，影子老师就像一朵"出淤泥而不染"的圣洁的白莲。

她是我的语文老师，口齿伶俐是她的必备技能，从她那娓娓道来的知识中，我们学到了很多；从她那如花的笑容中，我们明白了生命的真谛……

回忆往事，有些事是难以忘怀的。

以前我们班有一位同学，总爱和老师进行"大战"，几乎每个学期都会和某位老师顶嘴。一气之下还会跑出教室，不知他的行踪。所有老师对他都很烦恼。但例外总是有的，正如"万事皆有可能"一样，这个例外便发生在影子老师身上。

久而久之，我们逐渐发现：那位同学在影子老师的课堂上表现得十分安静、乖巧。就如一只温顺的小羔羊。总是坐在座位上，认认真真的。而我们也发现了其中的奥妙——影子老师不似其他的老师那样性情暴躁，动不动就批评学生，甚至是骂学生。影子老师上课的眼神总是平静的，没有一丝的杂乱。看得出，那眼神，那姿态，宛若一位亭亭玉立的少女。在学生回答不上来时，影子老师也总是笑意浮现在脸上，静静地看着那位学生，不断地鼓励该学生："在想想看，我相信你一定可以做出来的。"说着用手指了指那道题。

一个看似不经意的指题动作，却可以缓解多少同学因分神而答不上来的尴尬。不错，这些同学中也包括我。

下课后，她会走到那些同学的身边，和蔼而不失风度地说："下次可要注意听讲，要不然你会落掉许多有用的知识的。"

那句温暖的话语，仍旧在我的耳边回响，在脑海中如涟漪，一圈圈荡漾。

记得还有一次，我们的英语陈老师也像影子老师那样剪了一个蘑菇头。那样可爱，那样亲切。在同学们得知这个消息后，都十分惊讶，但我心中一颤：又多了一个影子老师。那英语课是不是也会更有趣？想着，不觉笑出了声，可是此时正上着语文课，影子老师回过头，朝着我眨眨眼，仿佛对我说："孩子，别笑了。下课再玩，好吗？"此时，我也读懂了影子老师的眼神，我收回了心绪，全神贯注地听着课。

一个看似微小的眼神，在我心中荡漾起了暖暖的感激。今天我的语文成绩之所以优秀，那是因为有影子老师的一路相伴。

晚风静静地吹，在平静的莲花塘上浮起了一圈又一圈的涟漪，隐隐约约地浮现出影子老师那醉人的笑容和她那迷人的眼神，笑在脸颊上，迷在我心中。

新的学期，新的钟声已敲响，盼望着看见影子老师的笑，可是没有。又坐在人影满满的课室里，但始终不见影子老师的影子。

再见了，影子老师！您的微笑，将永远荡漾于我的心田，一圈又一圈，直到永远，永远……

我们的艾老师

唐 璨

只要是岗湾小学二年（2）班的同学，都知道班主任艾老师有两大"制胜法宝"。凭借这两大法宝，在短短的两年里，她把我们这群顽皮的小猴头教育成会读书、会写字的二年级小学生。

艾老师的第一法宝就是那双清澈明亮的大眼睛。这是一双会说话的眼睛，它总是在我们犯错的时候射出严厉的目光，及时纠正错误；又总是在我们做对做好的时候投来赞许的眼光，及时表扬鼓励。记得艾老师在讲《徐虎》这堂课时，我和同桌陈思雨在下面讲小话，正好被艾老师看见，只见她眉头一皱，眼睛一瞪，吓得我们立刻闭嘴，专心听讲。

艾老师的第二个法宝就是她的"啰唆"。有一次，刚打下课铃，我便一跳老高，抓起跳绳就要去操场。艾老师一把将我抓住，问道："那首诗你会背了吗？明白是什么意思吗？"我迟疑着："那个，那个不太明白呢！"艾老师马上翻到那一页，指着书一直说，直到我弄懂为止。

有了艾老师的两大法宝，我们一天比一天进步。说到这里，你也许以为艾老师总是很严厉，那你就大错特错了。

其实，艾老师对我们就像妈妈一样温柔。去年冬天的一天，我突然肚子疼得要命，艾老师发现了，便立刻安排好同学，一边拿起手机联系我妈妈，一边背起我就往楼下赶。艾老师穿的是高跟鞋，背我下楼很吃力，当她背着我走出校门，送到妈妈手里时，她秀气的鼻子上已经渗出细小的汗珠。妈妈一把接过我，感动得都不知道说什么好！

我们的艾老师就是这样，既严厉又温柔。在我们的心目中，她是一位最好最可爱的老师。

 038

老师的嘴

刘　宏

她是我的语文老师，虽然我们相处只有一年，但她的每一句话，每一个动作，每一个微笑，我都牢记心中。每当遇到困难时，我脑海中便浮现出她的身影，耳畔萦绕着她的声音："相信你，你会行的！"

她很普通，慈祥的脸上镶嵌着一双炯炯有神的眼睛，高高的鼻梁下一张棱角分明的嘴巴，虽不是口若悬河，但最有魅力，最有智慧。正是这张嘴，给了我许多的帮助和温暖。

记得有一次，下课了，我在座位上喝水，突然，一个同学碰了我一下，瓶子里水洒到我裤子上，而且是裆部。旁边的同学看见，捂着肚子先是一阵大笑，又直起身子边笑边说："瞧一瞧呀，看一看，有人尿裤子喽！"这一声就像街头卖艺似的吆喝，把同学们立即吸引过来。笑声立刻把我淹没了，我脑袋发懵，不知如何是好。这一幕，恰好被路过的语文老师看到，只见她快步走进来，敲了敲课桌，提高嗓门严肃地说"安静！同学们，不要嘲笑别人，别人发窘的样子，难道你没有过吗？这不是丑事，你们起哄啥？当你出现这种类似的情况，别人笑你，你的心情又怎样呢？"老师的话掷地有声，句句在理。同学们立即不作声，快快地回到各自的位子，像是幼儿园做错事的小屁孩，耷拉着脑袋，没了精气神。老师的这些话对我来说，仿佛是一束灿烂的阳光，照亮了我黑暗的心灵。那一刻，我是多么感谢她为我解围啊，没有这几句话，我将情何以堪呀！

　　还有一次，我上课"咬笔"，这是我长期养成的不良习惯。当她扫视到我，发现这个情况，她并没有大声喝止，也没有点名批评，而是轻松地说了一句："同学们，班上有人上课在吃'冰糖葫芦'呢，吃得可香啦！"我立即意识到这是在说我，便立马把笔放在课桌上。"我是在调节课堂气氛，开了一句玩笑而已，不要东张西望了，认真听课！"她又一次化解了我的窘境。

　　这就是她，为我解围，纠正我的坏习惯，给我力量，给我温暖，给我鼓励。她就是朱老师，一位教学有方的年轻老师。

来自心灵的抉择

凌 锐

这是来自心灵的抉择，为友情的抉择，不禁一声叹息，怎么办？

——题记

不记得从哪儿看过，射手座很重情义，这话真的有点儿道理，我便是如此。

小学、初中，一次次面临着友情的抉择。

从小到大，妈妈就告诉交朋友时要小心注意，千万别交了损友。可是，自以为人缘很好的我，交朋友一定会顺利，事实却不是如此。

小学时，我与她像天使的翅膀，除了休假日，我们几乎形影不离，感情是四十匹马都拉不开的。

偶然的一次，天使在飞行的过程中受了伤，羽毛飘满天空。

一次游戏中，她无缘无故说我耍赖，我不承认，她仿佛不认得我似的，鼓着嘴巴，说我耍赖，当时，我只好委屈地走回教室。

原不原谅她呢？她那么"可恶"，为什么要原谅她，可是，一想起，放学我们在一起谈话，欢声笑语；一起去公园玩；一起……心不禁有些发软，原谅还是不原谅？其实，我真的好想变出一朵花来，像电视剧中那样，把花瓣一片又一片地扯下，去选择是或不是。

或许，上帝救了天使……

我原谅了她。后来，我们又被分到同一个班，友情再次被延续。可是后来，她与男孩子打闹。天使，又一次走近死亡的边缘。"不要交损友"，妈妈的话浮现在我的脑海，她，是损友吗？心中又不禁开始疑惑不解。

这件事，我想了很久很久，始终没有个最终答案。关键时刻，奇迹出现了，天使自己苏醒了过来。她，仿佛明白了什么，又做回安静的她。于是，我不再让自己在心灵的抉择中来回徘徊。

我知道，心灵的抉择很难，很痛苦，但人活着，它就一定会有来找你。其实，在心灵的抉择的同时，我们也在慢慢成长。

两个无解的不等式

柯夏泉

夜深了，外面已没有一户开灯的人家。然而，我不想入睡，我无法入睡，因为有两个无解的不等式把我困住了。

精心制作＋用心刻画≠得到赞赏

今天中午，我开始做老师布置的手工：植物头饰了。我先拿来卡纸和剪刀，然后按照想好的造型剪了起来，"咔嚓、咔嚓……"随着一阵剪刀声，一个精美的植物头饰出现在我的眼前。可以说这个头饰已经非常漂亮了，可我还不满意，又从卡纸上剪下几个植物形状的小条子贴在了头饰上，使得头饰显得更加美丽了！这时，我又想起班里几个同学的做法，于是按照他们的方法又把我的植物头饰修饰了一下，最后又给它喷了香水，还取了个名字"小精灵"。哇！超级完美的手工艺作品大功告成了！我把自己制作的植物头饰拿给妈妈看，本以为可得到大大的赞赏，可谁知妈妈看也没看一眼，便说："这孩子怎么这么烦，我正忙着呢！"说着，随手把我的"小精灵"扔进了垃圾桶。我看着自己精心制作的作品，泪水夺眶而出。

真诚＋热情≠友谊

在班级里，我虽然朋友不少，但却没几个男生朋友，害得老爸老妈总叫我"假丫头"，于是我决定结交几个同性朋友。我的目光先是落在了班级"小书迷"——闵星辰的身上；我大方地向他走去，把手搭在了他的肩上，和他聊起天来，希望这样能拉进我们俩的距离。可出乎我的意料，他还没和我搭上几句话，便把我的手从他的肩上甩了下来，扬长而去，只剩下那冷漠的背影，弄得我尴尬了许久。可尴尬归尴尬，男生朋友还是要交的，于是我又开始搜寻新的"目标"。

这回我把目光定在了王小杰的身上，我趁他搬作业时走了过去，用聊天的方式同他消磨了一点儿时间，接着，我摆出了帮他分担一点儿作业本的样子，谁知一向温和的他忽然严肃起来，丢下一句："你真烦！"就走了。接下来，我又向几位男生发出了交友信息，但都以失败告终。

仰望天空，星星还在眨眼，我也在深思：

什么是生活？

什么是不一样的生活？

什么是不等式？

什么是无解的不等式？

什么时候才能解开这两个无解的不等式？

谁能告诉我？

另一种爱

寒 月

终于熬到放学，我怀着轻松的心情走出教室。这时外面下着大雨，我的脑子突然闪现一个念头：妈妈呢?我到哪里去找她?

不顾一切先冲进雨中，走到妈妈平时等我的地方，用力寻找那熟悉的身影，雨打在身上，紧张，着急，抓狂。我极力向四周不断张望，那一张张陌生的面孔让我彻底绝望了，决定自己打车回家。

043

马路上更是混乱，人与车辆全都交织在了一起，天公不作美，就连车也同我作对，找不到一辆空的Taxi。被雨水包裹，水滴像珍珠一样，一颗一颗地从我的发丝上滚落。

"寒——"一个气愤、焦急而熟悉的声音进入我的耳膜，是老妈在叫我! 我仿佛无助的羔羊遇到了救星，奔向老妈身边。可让我始料未及的是，妈妈朝我劈脸就是一"棒"。

上了车，妈妈的嘴就歇不住了："我叫你放学后到我办公室，你怎么就记不住?""你怎么不用脑子想一想? 这下雨天的，我等不到你，会提前走吗? !"面对妈妈的责备，我不敢还击。要知道，这只"母老虎"在发怒时万万不可惹她，否则，"小命"可就难保了。坐在她后面，不用看她的脸，也能想象出她的样子，眉头皱成"川"字形，口沫飞舞，目光咄咄逼人，一副凶神恶煞的模样。

妈妈言语气势逐渐加重，我生气极了，我恨不得当面就回击她！我感到她触痛了我幼小的心灵；震撼了我纯洁的灵魂；打击了我脆弱的自尊！她像一个发狂、不可控制的魔鬼，哪里是平时那温和的老师！我只有一直沉默着。

回到家里，妈妈见我耷拉着脑袋，就关切地问："怎么了？！"我说头晕，她马上摸摸我的额头，一边拿来体温表，一边亲切地说："别是感冒了，最近流行甲感，快量量体温吧。"语气来了个一百八十度大转弯，态度温和了许多，脸上露出焦急的神情。我郁闷的心情一下子平和起来，心开始暖润起来。由于高烧，妈妈顾不上吃饭赶紧把我送进医院。我一边挂水，一边想：如果自己听清了妈妈的话，接下来一系列的事就不会发生了。可是我太贪玩了……

动动脑子就知道妈妈一定在等我，不动脑就跑开了导致如此狼狈。想着，想着，我觉得妈妈的批评是对的，批评是妈妈爱我的另一种方式。

044

那一丝一缕的情谊

刘晓娟

失去了，才会觉得，才会珍惜。

——题记

早晨醒来，一缕阳光接入掌心。

将手掌握起来，却怎么也抓不住，那丝丝的情也是如此吧。

一 根 羽 毛

小时候，喜欢动物，也喜欢养它们，只是爸妈不允许。

只是偶然的一次，大姨送来一只鹌鹑，在我千求万求的情况下，它留了下来，接下来的几天里，我无微不至地照顾着它，开心地望着它逐渐长大。

它会一直跟我跑，倘若我跑快了，它便会"扑扑"它的小翅膀，欲要飞起来的样子，煞是可爱。每晚，我会学习到很晚，它呢，丝毫不动地蹲在我的脚边，陪我度过一个又一个寂静，平常的夜晚。

有它的身边很舒心，有它在身边，我从来没有想到孤独。

只是，一次，在妈妈打开窗子的时候，它突然跳了起来，飞出了窗外，怎么也找不到。

内心突然黑了一大片，变得很轻很轻。

最后，在它的小窝里找到一根羽毛，轻飘飘的，可是，在我手中，它却出奇地沉重——那是我唯一的安慰，用它来填心的伤痕最好的药。

一张大头贴

在一个盒子里，只有一张大头贴，背面的胶有点儿发黄，但正面却清晰地映着我和她。佳是我最好的朋友。曾在一起玩，一起回家，无所不谈，一起来校园里留下一串串的美好的脚印。但友情仿佛永远都那么短暂。可是后来，我俩不在一个学校，一南一北。在路上遇到，就像熟悉的陌生人，在一起，也显得有点儿不协调，格格不入。记忆中，有一个模糊的背影，有两双显得有些稚嫩的手紧紧地握在一起，有许多像铃铛一样清脆的嗓音，让我怀恋，许久许久……另一个我说我好傻。但是我记得有这么一句话："世上除了亲人，没有人必须要对你好，所以，对你不好的人你不要怨恨，但对你好的人，你就一定要珍惜……"

那一次，我收获特别多

鲍书吉

"生活处处有学问。"这句话说得真对。

最近我家有一场飞来横祸——前所未有的特大鼠灾。这些可恶的老鼠经常趁我们不备，偷吃了许多零食，而且它们还挑三拣四的，把所有好吃的一个不剩地全糟蹋了。更可恶的是，它们还随地大小便，一点儿也不讲卫生！

而它们都聚集在我的房间，害得我都不敢进出房间，你只要在离房间两米远的地方跺一下脚，你就可以看到"万鼠奔腾"的场面了，保证你会看得胆战心惊，一生难忘。于是我们决定赶出侵略者，重占领地。

妈妈买了许多老鼠纸，但她并没有马上把它们放在房间里，而是仔细地观察了几天。我不解地问："妈妈，你都观察了几天，为什么不直接把老鼠纸放进去呢？"妈妈把食指放在嘴前，示意我小声说话，然后凑到我耳边说："首先我要告诉你三点：第一，做任何事都要认真；第二，绝对不要轻敌，你说这么大声，老鼠会听见的；第三，知此知彼，方能百战不殆。好了，我已经观察得差不多了。你去买些零食。""买零食？给谁吃？"我疑惑地问。妈妈回答我："再给你补充一点，第四，做任何事要善于观察。你瞧，你房间里的零食快没了，老鼠们肯定要出来找食物，就不能一网打尽了。"弟弟心疼得大叫："不行！我都没零食吃了，还给老鼠买？"我说："第五，做大事要不拘小节。"妈妈赞许地竖起大拇指。

一切准备好了之后，妈妈把门锁上了。我和弟弟过一会儿就想看看，妈妈恼了，说："耐心点儿！现在离成功只剩一步了，把门打开，老鼠跑了怎么办？"我们死心了。

几天后，妈妈把门打开了，老鼠们在遍地的老鼠纸上扭动着，挣脱着，喊叫着。"你们懂得了什么？"妈妈问我们。我和弟弟对视一眼，异口同声地说："第六，耐心能决定成败！"

那一刻，我懂得了感恩

房立瑞

一直认为，母亲不关心我，一天到晚只会给我买作文书与辅导资料。

"叮"，门铃响了，我跑去开门，原来是妈妈回来了，只见她满头大汗，手上拎了一个大塑料袋，我以为是好吃的，抢过来一看，我几乎瘫痪，又是几本名著。我气极了，拎着书，嘟着嘴巴，回到了自己的房间。

闲着无聊，我翻开了语文书，无意间，见到了一幅动人心弦的图画：小乌鸦长大后，老乌鸦已经年迈了，飞不动了，小乌鸦便捉虫给老乌鸦吃，就像当初老乌鸦细心照料小乌鸦一样，小乌鸦也十分细心地照料着老乌鸦。

我转了一下眼睛，看见了一张照片：爸爸和妈妈将出生还没几个月的我抱在怀里，一脸甜蜜的笑容。猛地，心一颤，我觉得我应该做些什么，为父母分担一下肩上的重任，至少也应该帮父母做些家务活。

我想起了自己以前的做法：妈妈和爸爸在厨房里忙，我却在客厅里跷着二郎腿看电视，连烫碗这小事也不肯做，我有些内疚。我突然想为父母、为家庭做些什么。洗碗？妈妈已经洗了。擦地？妈妈昨晚才擦的。对了！妈妈每次下班很晚，要急匆匆地赶回来煮饭给我和爸爸吃，我为何不帮妈妈煮饭呢？

饭煮好了，我又拿起扫把，开始打扫地板，每一处小脏都逃不过我的"火眼金睛"。

终于打扫好了，我已经腰酸背疼，但一想起父母劳累了一天，回家还要做家务，我觉得我这点儿根本算不了什么。

忽然，觉得好渴，便去饮水机旁喝了个够，忽然，想起了妈妈。她天天在工厂里忙，没有时间喝水，一定很渴，便马上又冲了一杯果汁，还特意把果汁拿到冰箱里冰了一下，因为凉水更容易解渴。

楼道里响起了熟悉的脚步声，我打开门，送给母亲一个舒心的笑容。

"妈，喝水，饭煮好了，地也扫了，您今天可以清闲一些了。""哟，大小姐，学会感恩了？"

"乌鸦都会感恩，更何况我呢！"

那一刻，我学会了感恩……

妈妈的咳嗽

汤 君

天阴沉沉的，湖如玉一样沉静。一滴雨从空中跳下来，湖中荡出一圈又一圈的涟漪。

我一瘸一拐地向家的方向走去。我的脸通红，看着那条我最喜爱的裤子被泥土沾染的样子，我的泪水就流在了通红而自责的脸上。快要到家了，我该怎么向妈妈解释呀？

我低着头，轻轻地用钥匙打开了门，我径直来到房间，关好了门，换好了衣服，隐约中我听到了一阵阵的咳嗽声，我悄悄地打开了房门，发现咳嗽声越来越清楚了。我静静向卫生间走去，隙缝间，我发现妈妈弯曲而年迈的身体格外陌生，妈妈那乌黑的头发多了许多银发。回想起以前，妈妈为我付出的辛劳，我的眼眶湿润了。

"咳，咳……"一阵阵的咳嗽声把我拉了回来，是妈妈在咳嗽。我连忙走了进去轻轻地微笑着拍了拍妈妈年老弓曲的腰。妈妈慈爱地抬起了她那爬满皱纹的脸。一时间，我发现妈妈老了许多。"来，我来洗吧，女儿呀！你赶快做作业去吧！"妈妈依然像往常一样对我笑着，可我觉得没有平时那么自然，我的心中像是有什么在涌动。

"妈，我来洗吧，我的功课做完了。"我微笑着说。母亲却依然在那里搓洗着，我拉起了母亲，一边说着，一边坐在了母亲的位置上。母亲愣住了，傻傻地站在我身边看着我洗完了衣服，我开心地冲母亲笑了笑，母亲抚摸着我的头也笑了。

天依然是阴沉沉的，但我想它日后一定会变得更蓝。

那一刻，我似乎懂得了母亲对我的爱和关心不是理所当然的，我们应该懂得感恩、回报父母和社会，就像乌鸦反哺一样地回报我们的父母。

灶台前的情意

杨　洋

那一刻，是我人生中智慧的结晶；那一刻，是我人生中耀眼的光芒；那一刻，是我人生中璀璨的明珠……

是她，让我懂得了感恩。她，是我的"启蒙老师"，她让我知道了人世间的美好，人世间的真情传递。

那一年冬天，大雪纷飞，她清早起来，冒着风雪，顶着寒冷，去菜市场买菜。在菜市场回来时，她已成为了一个"圣诞老太太"，头发上、眉毛上，都覆盖着白雪。回家后，她不顾辛苦，又在家里洗衣。中午，我放学回家，一碗热气腾腾的美味佳肴出炉了，可她仍在厨房里忙来忙去，望着她头上的汗珠，我的心酸涩极了，我情不自禁地走过去，对着她说："妈，让我来帮你呢。""好了，快好了，你去吃饭吧！"妈妈边说又边烧出我平时最喜欢吃的大虾。我禁不住大虾的诱惑，但又左右为难。"快点儿，快点儿。"听到她催促而又嘶哑的声音，我真是于心不忍。我端着菜到桌子上去，望着这盘让我"魂牵梦绕"的大虾，我拿着筷子吃，可是，又停住了，望着妈妈忙碌的身影，我把口水咽了下去，安静地等待妈妈的到来，可妈妈迟迟不来，我烦躁极了。

我目不转睛地盯着她，终于，我"窥视"到了她渐渐走到饭桌了。

"开饭了。"妈妈一声喊，仿佛勾出了我的馋瘾，我拿起筷子，直向大虾"进攻"，我吃下了一口大虾，"嗯，大虾的味道相当好"。

我夹大虾时，瞅了一下妈妈，只见她的筷子像长了眼睛似的，就往蔬菜那盘夹去，那一刻，我震住了，那一刻，我呆住了……那一刻，我明白了我的过错，那一刻，我知道我就往蔬菜里那盘夹去，一口一口把饭咽下去，我的心里很不是滋味，她辛辛苦苦烧给我们吃，可她呢？却默默地在那里吃蔬菜，为了我们，她把头发都累白了，不知疲倦。我知道，这是妈妈省着给我们吃。我夹一块大虾放在她碗里，可她却说她牙疼，不吃，又给弟弟吃。"妈妈，对不起，我对不起您，您的养育之恩我终身难报，您的恩情我将永久报答您。"我的眼眶里泪水在不停地打转，我在心里默默地想着。

她不仅让我知道她在省给我们吃，更重要的是，她教我上了一堂无声的"感恩课"。

她，是我心目中的天使，是我心目中的海洋，是我心目中的大树。

是她，妈妈，我唯一要感恩的人是她，至今，我已无话可说，但她的每一个动作，每一个神情，每一个动作，都牢牢印在我的心底里，脑海里。我由衷地敬佩她。

当感恩的种子洒遍了人间，当每个人有了感恩的举动，当世界沉浸在爱的海洋中，每个人都有所感动。世界上的万物是变化无穷，只要你学会感恩，你将终身受益。

师生之间

金依蒙

　　提及教育家，人们很容易联想到孔子、盲人作家海伦·凯勒、叶圣陶等，他们诲人不倦，堪称万世师表，英名与良将贤相共存，永垂史册。可我们却忽略了数以万计默默在精神原野上耕耘的教师们，他们辛勤地耕耘着，在烈日下，在暴雨中，结出的果实有桃李也有酸果。当社会享受着他们的果实时，请记住他们，感谢他们。

——题记

　　都说"严师出高徒"，我看未必，我、我的同学和我的老师之间用友谊筑起了一座桥梁。

　　那是我一辈子都难以忘怀的人，她就是我的小学语文老师。

　　每次上课时，她总是用她那甜美动听的嗓音给我们朗读一篇又一篇优美的课文，讲述一个又一个动听的故事。记得有一次，她给我们讲述铁人王进喜的故事，她像往常一样放下书本，像讲故事一般讲给我们听，她加上那优美的词句，加上动听的声音，仿佛把我们也带进了那求索的世界里，我仿佛看见王进喜毅然跳入油井用身体搅拌水泥的场面。听着听着，我的眼睛湿润了，老师的声音也开始哽咽，身体不住地颤抖，眼泪也"哗哗"地流了下来，真是一位多情的老师，她用她那炽热的心感化着我们，让我们也懂得关怀社会，关爱自然，感恩生活。当然，老师不光只会感化我们，当她有犯错误的时候，我们告诉她，她也会积极的改正。正是老师的这种精神，才让我们师生之间化解了尴尬。

下课的时候，她就是我们最好的玩伴。她经常领着我们一起做游戏。有一次，她正好看见几个同学正在踢毽子，便好奇地走过来嚷嚷她也要玩，同学们把毽子给她后便围在她身边，只见她拿起毽子熟练地往上一抛，然后移动着有点略胖的身体过去接，或许是用力有点过猛，毽子一下子飞到了一楼，她看了看楼下的毽子，不好意思地挠挠头下楼去捡了。快乐在我们师生之间飞扬。

我们的老师还是一个善解人意的人。那是一个六一儿童节文艺会演，我们班自行组织了一个小组排练节目。到了演出那天，别的班节目都不错，只有我们班节目看上去就有些老土，有些乏味，但她毫不介意地把手架在一个同学的肩膀上，笑着说："真的挺好，在这么多节目中独树一帜，很有我们自己的风采。"说着，还笑着扭了扭身体，仿佛她也成为了一位演员，正在舞台上演出自己的个性，大家都笑了起来，脸上的愁去也都散去了。这让我们师生之间充满了默契。

这就是我们的老师，一个充满快乐、阳光的老师，友谊让我们师生之间没有了隔阂，这种情感为我们撑起了一条路，连接了我们师生之间不寻常的情感。

老师不在的欢乐时光

朱　可

"丁零零，丁零零……"上课铃响了，同学们立刻从走廊上冲回教室，齐刷刷地坐回位子昂首挺胸坐好等待老师"归来"。

一分钟，两分钟……老师还没来，刘某便按捺不住调皮的性格，猫下腰，做贼似地踮着脚尖，轻手轻脚地靠墙挪到教室门旁，悄悄伸出头去间谍似的"探查"老师来了没有。就在这时，全班五十六个人的目光都集中到了他的身上，我心想："上帝保佑，老师千万别来啊！"不知是我的"祈祷"灵验了，还是其他什么原因，刘某飞速回过头来，眼中闪烁着激动，平时蚊子般的声音一下子升了几十倍："警报解除，老师没来！"说完便回到位置上去"啪！啪！啪！"地用力敲着桌子。

这句话似乎给一些男同学打了一针强心剂。只见吴某右手用力往桌上一撑，双腿集中力量向上一跃，一下子蹦上了桌子，左手大拇指、中指、食指一上一下地转着短塑料管，右手向周围一挥大声说："老师没来，俺老吴来也！"他这架势就像《西游记》中那只大闹天宫的孙猴子。"赛尔号"疯子蔡某见势便从座位冲向讲台，顺手抓了一支粉笔，"唰唰唰"寥寥几笔便在黑板上写了几个像被鸭子踩过的字"'赛尔号'里如何打大怪"，写完拍拍手上的粉笔灰，抓起老师用的戒尺在黑板上指了指，装着老师的样子大声说："玩'赛尔号'打某某BOSS应该这样……"我举起手来，大声说："'赛尔号'无聊死啦，'老师'下台、下台、下台……"听我这么一喊，陈某、邱某、许某也一起起哄："'大白菜'（蔡某的外号）下台！"邱某甚至从本子上撕下几张纸，揉成球，喊道："'大白菜'下台吧！"说着便像投石车似的抛出这些纸球砸向蔡某，蔡某挥手一挡，尴尬地说："好啦！我下台就是了嘛！"说完便双手护头，弯下身子躲空袭似的逃回位子与"左邻右舍"聊天打闹。

可不光咱们男生闹，女生也闹得挺厉害呢！"老师不在，咱几个姐妹尽情地玩吧！"姓邱的女生平时那细声细气的说话声一下子上升了几百分贝，能量就像原子弹爆炸一样被瞬间释放出来；"哈哈！我又赢了一盘！"佘某和她的几个"死党"玩着跳棋，平时作为老师宠儿的文静样子一下荡然无存，随之换上的是一副大嗓门儿……此时此刻的班级就像菜市场一般乱。

"丁零零……"下课铃响了，老师不在时我们快乐多了，可天天这样下去也不行啊，老师，还是快来上课吧！

门派纷争

卢 勇

课间十分钟，门派大竞争。

上课我们讲究"和气生财"，下课我们讲究"立门创派"。铃声响起，各门派纷纷集合，上演一场惊心之战。

"立座派"，班级的守"座"大队。他们对于座位那是爱不释手，即使是休息时间也不出去玩。在本人看来，此等人均属"文静"科，他们都不太好动。再说近一点儿，就是体育不咋好，跑来跑去地，太累人啦！

但是"立座派"的人却绝非都是好欺负之徒。"文静"的极端可就是"粗鲁""暴力"啦。记住哦，可千万别把他们惹急了，否则——嘿嘿，后果自负。

"外廊派"，班级的"巡检"大队。他们个个都精力充沛，浑身上下都有使不完的劲儿。甭管是春夏秋冬，他们都总是活蹦乱跳的。你追我打，已是司空见惯之事——即使"头头"不让在走廊中追逐，他们也当作耳边风，该玩就玩，管他三七二十一呢！人活着就要开开心心的嘛！"外廊派"也分为两派，一队叫"风景聊天派"，一队呢就是"外廊派"的本派"赶急派"。

各门派派规也十分简单，"立座派"即"坐"外加前面所提到的"人不犯我，我不犯人"的宗旨；"风景聊天派"即"谈天说地"；"赶急派"即"玩"。 但是门派中呢，却没有掌门，不管是谁想加入哪派，都不需申请，随到随入。

千万别看这三派井水不犯河水，但是谁惹了谁，那可就变成水火不容的"仇"了。

"赶急派"的人比较爱闹，常常对"立座派"的人动手动脚的。前面也提过，"立座派"也不是好惹的主："人不犯我，我不犯人；人若犯我，我必跟他斗到底！"这就是"立座派"的一贯宗旨。

虽说"立座派"人少，但是一对一地决斗也绝不占下风。特别是女生，那抓狂起来可真不得了，追得男生满校跑，打得男生连道："sorry，我是无意的，你就饶了我吧！"这可真是"巾帼不让须眉"！

当然，通常这三大门派都是和和气气的——不和气也没办法呀，总不能老是"打打杀杀"的吧，这让别的班看到可就太丢脸了——再说，"头头"也不让呀！要是"火拼"让"头头"看到，那可就要"手掌肿得三寸高""耳朵听得起老茧"喽！

门派纷争，经久不息！

谁的课间谁做主

刘大伟

长时间地坐在板凳上，趴在桌子前，听着老师站在讲台上讲的课，心思也随之转动。经过漫长的等待，下课的铃声终于响起，我们也终于可以放松一下。

这样的大好时光，当然不能虚度，得做一些放松心情的事。在课间，有的人跑到外面去玩，有的人在教室里彼此间谈笑风生，有的人甚至吃东西。这珍贵的课间，每个人都有想做的事，谁的课间谁做主，各有各的精彩。

对于小学生而言，课间玩弹子是他们的最爱。小时候，我也参与其中，与别人一起玩。一下课，我们就会到操场上去玩弹子，不亦乐乎。长大后，才发现这很幼稚。不过，当时只是一个不懂事的孩子，玩弹子也理所当然，增添了一分课间的精彩。

六年级以后，我几乎就不玩弹子了。我经常坐在教室里，很少出去玩，而且也没什么可玩的了。于是，下课的时候，大家便三五成群地聚在一起，谈着各式各样的话题。这样就使课间变得更精彩。

六年级的下学期，我与好友林之间经常会产生分歧。这些分歧多是跟历史方面有关的。有一次，我说成吉思汗是元世祖，他则认为是元太祖。因为这样，我和他打了赌，并在课间与他辩论。我和他争辩得十分激烈，把周围的人都吸引了过来。

同学们在一起谈天说地，谈东聊西，会增进同学间的情谊，有益于大家共同发展。我认为在课间，最精彩之处并非就是那些人捧着书本在津津有味地读了。谁的课间谁做主，各有各的精彩。

伞　　河

鲁　昕

058

下雨了。

我站在学校的三楼上——看伞。

小雅说："你是个诗意的孩子，老爱幻想。"她确实冰雪聪明。此刻，我就在看楼下的伞，浮想联翩。

那一朵朵的伞呦，花儿一样飘在校园里，五彩缤纷，让人心动。它们一朵挨着一朵，挤来挤去，不顾身上的水珠，笑着、闹着、唱着欢快的歌。只有下雨的时候，这些精灵才能真正舒展身躯，在天地间舞蹈。看它们的衣裳吧：粉红、亮橙、鹅黄、淡青、玫瑰、靛紫、宝蓝……犹如好些个美人哦；墨绿、湛蓝、黑褐、果绿、各色格子……好似俊俏的小伙吧。精灵们在雨中旋舞，闪耀出夺目的光彩。

伞的主人呢？

那把带白蕾丝边的红伞的主人一定是个乖巧灵动的女孩子，那把纯天蓝面儿上有几个卡通小人的伞的主人，一定是个俏皮伶俐的姑娘。

那把沉默的墨绿色伞的主人，是不是一个坚毅如山的男孩儿？那把蓝格子面的伞的主人，是不是一个调皮好动的小生？

彩虹说："你总爱跑到你自己的幻想世界里。"她比小雅更了解我。这时，我已经按捺不住心中的激动，撑开那把绘有迪士尼卡通像的伞，飞进雨中。

我的伞也加入这花团锦簇了。它像我一样顽皮，大概已经和其他的伞精灵们打成一片了吧。身处其中，我感受着伞的快乐，更品味着伞主人的温暖。

你瞧！这两个女生，俩人倚在一把伞下，微笑着说话。身边一树桃花灿烂地开放，一小朵一小朵，乖乖地躺地枝干上，宛然是这纯洁友谊的化身。

再看！那个女孩子正独自一人手持一柄素雅洁净的水青伞，看那稳健的脚步，定是手中的伞给了她独行的支撑，让她忘却了孤独；那边三五成群的学生数人挤在一把伞下，叽叽喳喳地笑谈不停，尽情挥洒着青春的潇洒自在。

望吧！校门外站着送伞的父母们呢，一位父亲立在那儿，焦急地冲校园里张望，寻找没带伞的孩子。正盼着呢，儿子冲到身边来了，尽管已经高过父亲，但仍有些害羞，怯怯地唤一声"爸！"那父亲的皱纹都笑开了涟漪。儿子抢过雨伞，高高地撑起，但却分明偏向了爸爸的方向，随即他们的身影渐渐远去……

好美的一幅幅图画！我被身边的一切感动，但却无语。

忽然有人拍了下肩膀："嘿，装什么诗人？赶紧回家填肚子去吧！""好啊，敢偷袭我，看我不揍你……"一阵嘻嘻哈哈，我和同学撑一把伞跑开了。

雨中的伞，是友情，是亲情；

雨中的伞，像一条爱的河流，静静地淌向我心底。

那倾斜着的雨伞

王梦妍

很小的时候，我便喜欢下雨。

听着那雨在窗前跳舞的声音，心里却是宁静的，伞下一老一小的身影常浮现在我眼前。

060

每逢下雨，外公总会拿着那把红色的大伞。他打开伞，立在雨中，笑着向我招手。我一蹦一跳地跑向外公，钻到伞下，顺手拉住外公的胳膊。随后，一老一小便慢行在雨的世界里。

我不经意抬起头，发现头顶上只是一片红色，红得那样鲜艳，那样温暖。望着外公，却更为惊讶。外公的头顶上一半是红的，一半是灰蒙蒙的。

"外公，伞歪了。"

外公抬头望了望，笑眯眯地说："没歪呀。"我困惑极了，小声嘟囔着："怎么搞的，明明是向我这边歪了啊。"外公笑而不语。待回到家才发现，外公的一边肩膀都湿透了。

"外公，我说伞歪了嘛，你看，你的肩膀都湿透了，快擦一擦吧！"我递了一条毛巾给外公。

"你有没有被淋到呀？"外公问。

"没有啊，我小，淋不到。"我得意地笑了。

外公也开心地笑起来……就这样，每次我们从雨中漫步回来，外公的身体总是一半干的，一半湿的。

从孩提再到豆蔻的我，在外公的红伞下，在无数次的风风雨雨中，一点点地长大。

不知从何时起，撑伞的人已不是外公，而是我。依然是那片雨的世界，依然是我和外公，依然是那把红色的大伞。变了的，是撑伞的人；变了的，是外公那越来越苍老的面容。

窗外的雨声不知何时又响起来，朦朦胧胧的。

"梦妍啊，伞歪了。"耳边传来外公颤颤巍巍的声音。

我抬头看着外公。我知道外公老了，那脸上一道道皱纹，既是时光的线条，更是爱的印记。

"外公，伞没歪！"我笑着说。

不知不觉中，我正做着外公曾经做的事，在一把倾斜的伞下，有一个新的责任和使命。

回到家，接过外公递来的毛巾，无意间看见外公嘴角一颤，已经开始浑浊的眼睛里闪着点点泪光……

那天，雨一直在下

张志凌

那天，天空下起了毛毛细雨，我背着沉重不堪的书包独自回到家中。

　　刚刚发完期中试卷，没有考到我所预想的成绩，我的心是沉重的。

　　本想一回家就和老爸坦白，可是一走进家中，就发现了那张贴在墙上的白纸，上面写着："晚上可能会迟一点儿回来，等我回来再做饭。"此时此刻，我的心跳加速，我不知该怎样面对晚归的老爸。

　　窗外的雨下大了一些。

　　我在客厅里反复地踱步，心里十分焦虑，望见窗外愈下愈大的雨，我不禁叹了口气。

　　我翻开书包，找出了那几张刚发的试卷，略低的分数和试卷上醒目的圆圈，我不禁眼角一颤。心想：为什么我不能考个让我满意的分数，难道是我能力不够吗？想到这儿，我突然有一种想把整本书的知识都记进脑子的感觉。

　　我找来作业，开始做起了作业，可这笔在我手中仿佛有千斤重，每一笔写的都很沉重。过了一会儿，我有了饿意，往餐桌一看，空荡荡的，再往窗外一看，外面雨好像下大了。

　　雨下得越来越大，我想老爸没带伞，本来沉重的心愈发沉重，这可如何是好呀！

　　在我的担心和忧虑中，一声迅速有力而又清脆的开门声响起，我知道爸爸回来了，但是他全身都湿了。我赶快递给他毛巾，待老爸缓口气时，我把发试卷的事告诉了他。

　　听到这件事，起初老爸有点儿惊讶，逐渐失去了笑容，最后变得严肃性起来，说道："这次考得不好，下次必须努力，不能自暴自弃，要找到解决的方法。"我点了点头。接着，他走进了厨房，不一会儿，饭就好了。

　　吃过饭，我三下五除二就写完了作业，正当我准备上床睡觉时，我听见外面下暴雨的声音。

那天，雨一直下，没有停。我久久不能入睡，躺一会儿又坐了起来，反复地想，反复地回忆平时的学习点滴，努力地回想考试的过程。最后，我慢慢地想通了，心中暗暗下定决心，以后课堂上一定要认真听，细心对待每次考试，我的心逐渐平静了，也慢慢地睡着了……

眼泪，流在心里

董鸿宇

"淅沥沥，淅沥沥"，雨一直在下。我站在少年宫的门口，准备回家。

雨越下越大，我的心情也越来越烦闷。出门时忘带伞，也没带钱。眼看着雨越下越大，我都愁死了。爸爸妈妈这会儿不在，哥哥在外地，只有外公外婆在家，但他们的身体都不好，昨天外公才发的烧，肯定不会来接我。况且，我昨天才惹外公生了气，今天……唉，没办法，只能自己回去了。我想着，一只脚已经跨出了大门。

突然，我好像听见有人在喊我，好像是外公……不可能，不会是外公的！但那声音越来越清晰，我闻声望去，果然是外公！他骑着那辆"宝马"，在向我招手，我连忙跑了过去。

我上了车，一声不吭，外公也不说话，偶尔咳嗽几声，我们就这样沉默着。一刹那，我瞥见了外公头上的白发，那一根根白发都弯了，有气无力似的，歪在那里。虽然前几天才染的发，但还是掩饰不住苍老的痕迹；他的背，早已弯得不像样了。那一双满是皱纹的双手，布满了大大小小的针眼，那是昨天新来的护士扎的；眼睛布满了血丝，在雨中艰难地睁开……我的眼睛湿润了，几粒豆大的眼泪滴在外公那破旧的衣服上。我尽力掩饰住声音，但外公还是听见了，他转过头来，用沙哑的声音问道："怎么了？是不是不舒服？"我连忙擦擦眼角，笑着说："没事，只是有点儿困了。好好骑车，别讲话了！"我们都笑了，但我的心久久不能平静，有点儿酸酸的……

雨，一直在下，一辆温情的载着一老一小的小电动车，在这雨中向前驶去……

064

守护那一抹晚霞

　　我从没有如此真实地感受到她那双如干枯的树皮，又带着爱的温度的手。她在一堆破包里翻着，佝偻着的背艰难地弯下，又立起。手里攥着几颗皱巴巴的糖，笑呵呵地叫我快吃。她指指自己的牙告诉我，人老了，牙不好，不能吃糖，记得在我家的时候，看到我特别爱吃糖，就给我留了下来。

守护那一抹晚霞

俞博洋

一天的时光转瞬即逝。

当夕阳的最后一抹霞光消失在地平线上时，我们是否应该反思：我们来去匆匆，是否珍惜过这一天短暂的时光？是否惋惜过这一天的消逝与落幕？

奶奶轮到我们家赡养了。她有九个儿女，每年轮换着住，却从没有一个稳定的住处。

她初来我家时，如孩子一般兴奋，一会儿看看这儿，一会儿瞧瞧那儿——她好久没来过我家了。而这一切却让我鄙夷不堪："真是没见过世面的乡巴佬！"我轻哼一声，准备离去。

突然，一股陈腐的味道冲入我的鼻腔，"这是什么东西啊？"我一手捏着鼻子，一手指着父亲手里的大包小包，大声喝道。

"是奶奶的衣服，还有生活用品。"

我皱着眉，瞥了她一眼。目光与她相对，她慈祥地笑了笑，而我却懒得看她，快步离去。

以后的日子，她总是小心翼翼的，想要摸摸家里的东西，却总又缩回手。

终于有一天，我把她气哭了，气跑了。

早已不记得是什么原因——或许是她"弄坏"了电视吧，只是永远不能忘记，她嘴里不断地念叨的那句："不是我干的……不是我干的……"还有那双深陷的，深藏着无助、委屈、黯淡的眼，以及自己的冲动、无礼。

我本以为，她不会原谅我。

我再次见到她时，她正躺在外面晒太阳。天有点儿冷，但我的脸烧了起来，也不敢看她，怕迎面而来的是呵斥与责骂。谁知，她竟悄悄地拉着我的手进了她的小房间。

我从没有如此真实地感受到她那双如干枯的树皮，又带着爱的温度的手。她在一堆破包里翻着，佝偻着的背艰难地弯下，又立起。手里攥着几颗皱巴巴的糖，笑呵呵地叫我快吃。她指指自己的牙告诉我，人老了，牙不好，不能吃糖，记得在我家的时候，看到我特别爱吃糖，就给我留了下来。

我望着那不知是什么牌子，是否过期的糖果，望着奶奶殷切的眼眸，心中的一根弦被重重地拨动。我紧紧咬着唇，却怎么也控制不住自己，泪水在我脸上肆意流淌。

我撕开糖纸，把糖送进嘴里——很甜，很甜，一直甜到心里。

"大孙女哎，这电视怎么看不了了啊？"

"等下等下，我来弄！"

奶奶坐在沙发上，微笑着，看着她的孙女。

窗外是一片霞光，今日的夕阳格外地美，今日的晚霞格外地斑斓。

月光下，我又拿起了一本书

黄童熙

莎士比亚说过："书籍是全世界的营养品。"高尔基曾经也说过："书籍是人类进步的阶梯。"假如生命中没有了书，那么世界就像失去了太阳一样黑暗。书，对我来说，是一段温暖而美好的回忆。

在我一两岁的时候，母亲便会将我抱在怀中，给我读着那些美妙的童话故事。于是，我不到三岁就学会了独立阅读一些简单的小故事并痴迷于其中，比如《睡美人》《灰姑娘》，这些故事我都可以倒背如流。到我上幼儿园的时候，我认识的字比其他小孩子都多。小伙伴们总是找我讲故事给他们听，而我也乐此不疲，一次次地在童话的神奇世界里漫步。

很快，我升上了小学。家里那些幼儿读物已满足不了我了，我开始读那些更加精彩绝伦的故事，《一千零一夜》让我如痴如醉地幻想着美丽阿拉伯的名胜古迹；《乌托邦》让我随着航海家拉斐尔一起航行到一个奇乡异国，一个平等自由的世外桃源。这些引人入胜的书籍扩充了我的知识，陶冶了我的情操。而那时，我因读书，还认识了几个书友，我们一起看书，一起写读书日记。

书本一页页地翻，书籍一本本地换。转眼间，我已经是四年级的小大人了，而那时的我，对读书的欲望也越来越强烈。我开始读一些更加美妙的书籍。《呼啸山庄》让我懂得了一个被剥夺了人间温暖的弃儿在实际生活中培养出的强烈的爱与憎；《简·爱》让我感到了女主角简的独立自强，还有世间的美丽温暖的亲情与友情。

蓝蓝的天空中徜徉着几朵悠闲的白云，绿绿的草地上的躺着手捧书卷的一对安静的母女，这世界上难道还有比这更迷人的景色存在着吗？女孩儿跟着"海的女儿"一起伤心哭泣，随着"豌豆公主"一起欢快地跳舞，在书的奇妙世界里，她们忘记了周围的存在。这，就是我那充满书香的四年级时代。

五年级来临了，与书为伴成为我的生活常态。我随着李白杜甫在门前的老树下细细品味着一首首诗歌；我与海的老人一起闯荡海洋，永不言弃；我和林黛玉一起哀叹落花之觞；我踏着筋斗云，跟着孙悟空一起打败九九八十一妖，取得真经。书，给了我一颗善良勇敢的内心。

每当我垂头丧气时，书教会了我勇气，告诉了我"宝剑锋从磨砺出，梅花香自苦寒来"的真谛。我便把头抬了起来，又有了前进的动力；当我遇到深情离别时，书教会了我要有"海内存知己，天涯若比邻"的胸襟，我便将泪水擦干，笑着为朋友送别；当我想放下书时，静默书桌的书仿佛开口说了话，告诫着我"一日无书，百事荒芜""国家兴亡，匹夫有责"——我们是国家的花朵，是未来的新希望！于是我便发愤图强，继续读书。

书给了我力量，它陪伴着我成长！

美丽的月光下，我拿出了一本书，慢慢品味着其中的真谛，思考着人生。

书香伴着生活，伴着我，带领着我走进温柔乡。

在我刚认识字的时候，书便成了我的良师益友，成了我的知心朋友；当我长成青春少年时，书教会了我知识，告诉了我如何做人，带给我快乐。

守护那一抹晚霞

仰望灿烂的星空，星星对我眨着眼睛，好像对着我说：今天，你读了什么书？

书，就是我童年和少年时代最美好最温暖的一段记忆。

快乐向前冲

张婷婷

每个人的童年都是无忧无虑的，快乐幸福的。怀揣着对未来的梦想和对现在的愉悦。

——题记

070

夏天的太阳，火辣辣地照射着我，让我有些不知所措.

实在没啥办法，热得我直冒汗！但又不能开空调，因为我感冒了呀！这可怎么办啊！不能开空调，不能扇电风扇，不能吃冰棍儿，还不能喝冰水！这还能干啥啊？不就是逼我嘛！

我在客厅里来来回回地转着，电视好像都在说："你烦不烦，把我头都转晕了。你能不能坐下来休息一会儿呀？"

突然，我想起老师说过的话：心静自然凉。我左想想右想想，终于想出了一个法子了！

我急忙从书房里拿来了一本《五年三班的坏小子》，又在走廊里转了几圈，想着，到哪里能心静自然凉呢？！

我的目光扫描到卫生间，哦，这是一个很好的主意！那么就来个

"如厕阅读"吧！我翻下了马桶盖，高兴地坐在上面。

打开书的第三页，我开始有感觉了，觉得心里不再那么烦躁了。看着看着，我情不自禁地笑了出来，再也感觉不到要流汗了。

腿麻木了，身体也麻木了。不知不觉地闹钟已走到三点钟了。但我还是"没知觉"，继续看我的书。

谁说我热啦？我心里凉爽得很！哈！我不热，心里也不烦躁了，都快爽死了！只是有种说不出来的心揪了似的感受！

"嗯，怎么回事？"我从书中"走"了出来。原来全书都已经看完了！

我费了九牛二虎之力才站了起来，刚起来时还差点儿摔倒了。我感觉到我的腿麻了，哦不，应该是全身都麻木了！

我扶着墙慢慢走到客厅，看时间，都已经4点了，我在马桶盖上竟坐了两个半小时！

童年像一个五彩缤纷的盒子，里面装满了各色各样的糖果，如今回想起的这颗"多味豆"，我会将它永远保存在这个盒子里的！

071

假如我有三天自由

梁璨然

现在的学生，生活是忙碌的，紧张的。不管是工作日还是周末，我们不是上课就是完成那压得我们喘不过气来的作业。

假如我有三天自由，我要——

第一天：睡 觉

"丁零零，丁零零！懒猪起床啦，懒猪起床啦！"不到6点，闹钟君就在床头柜上大声嚷嚷，催促着我起床。

"哎哟喂，别吵啦，吵死人了！闹钟君，老师给了我三天自由，我今天可以不上学了！"睡眼蒙眬的我忍不住抱怨道。

"什么？老师给你三天自由？那你准备做些什么事呀？"闹钟君不解道。

"唉，几个月来，可怜的我没有一天能睡好。今天我要补眠，睡到日西斜！"

"嗒嗒嗒！"闹钟君不住地点头，表示对我的同情与理解。

第二天：玩 耍

已有很长时间没有开心地玩耍了，今天我要痛痛快快地玩个一整天。

我特地换上了一身休闲服，来到小区的健身器材旁，看见一群学前班的孩子们正开心地笑着，叫着，跑着。

我三步并作两步，来到他们身边，轻轻俯下身，对他们微笑着："小朋友，姐姐陪你们一起玩好不好？"一个扎着两个小辫子的小姑娘抬起头，不解地问道："姐姐，你为什么不去上学呀？"我又微微一笑："姐姐有三天自由，可以陪你们玩儿。""太好了！"在孩子们的欢呼声中，我加入了他们欢笑的队伍之中。

风儿柔柔地吹着，太阳暖洋洋地照着大地，各色的蝴蝶在花丛中翩翩起舞。我玩得大汗淋漓，笑得可开心了呢！

第三天：逛图书馆

"Hello，我的朋友们，你们好吗？"我迈着轻盈的脚步，与图书馆里的书问好。

"你好呀，怎么好久没有见你来了？"花木兰关切地问道。

"唉，别提了。我们每天八节课，晚上还要做作业，周末两天完全是学习的时间，还哪里有时间来找你们呢？"

"那我们俩'头悬梁，锥刺股'的精神也要甘拜下风了。"孙敬与苏秦异口同声地说。

"那你怎么有时间看参考书呢？"哪吒问道。

"我们要考参考书中的内容，又不考你们的故事，老师怎么能让我们看这些'闲书'呢！"

"嘻嘻，你们老师简直比我爹还要严厉！"宝玉拉着黛玉，在一旁窃笑道。

孙悟空听了，气愤地举起了金箍棒："你们老师欺人太甚，让他吃俺老孙一棒！"

诸葛亮倒是不急不慢，轻摇着羽扇微笑道："孙老弟何必动怒，此非先生之过，实乃当今制度之过也。"

林肯说："到底谁对谁错，还是让中国铁面无私的包大人来判断吧！"

包青天摸了摸头上的月牙："这个嘛……咱也不晓得……"

这三天的自由，只不过是一种向往。

不过……

要是我真的有三天自由……

我 与 作 文

朱健瑾

　　我与作文本是一对"情侣"，五年级时，胡老师却"一下拆散了"我们，从此我们"相隔两地"，似乎永远也找不回我们以前亲密的关系。

　　还清楚地记得，每当我信心满满交上一篇作文，胡老师都无情地批了回来。但是我并没有灰心，继续努力地写着。有一次，我早上胸有成竹地拿着作文，与"她"一起来到老师面前。我微笑着交上了作文，老师看了看，紧皱眉头并在全部同学面前大声地说："重写！"我低着头走下讲台，面红耳赤，同学们数落着我……我不服输写了一篇又一篇，但是迎来却是老师一句又一句："重写。"那时我创下了连写十二篇的纪录，老师才无奈让我勉强通过。我躲在家中哭泣着，我讨厌老师和这种对作文的"不行重写"做法，从此我与作文渐渐疏远了，好似一面隐形的墙阻挡着我们："再见了，作文！"

　　时间过得真快，转眼一年多过去了，我们换了新老师，我对讨厌作文的感觉未减。在第一次写作文的时候，我害怕极了，怕写不好被老师批评，事情正如我所料，老师说："朱健瑾写的作文没有章法，但是很贴切生活。"我心中渐渐明白老师的话，我不好意思地低着头，心中不断地骂自己为什么这么没用，真该死，顿时我舔到了咸味。这句话深深地印在我的脑海中，使我不停地努力着。当时我在想着："我不能这么下去了，我不能被老师看扁了。"就这样我每天认真看起了课外书，一心想与作文重新"和好"。当第二次次写作的时候，我似乎不再害怕，当时我心里一阵喜悦，然后又不停回忆着作文书中一段又一段的精彩好词好句。皇天不负有心人，这次我作文分足足提高了54分，我乐得"一蹦三尺高"，心里吃了蜜糖那般开心，在第三次中我提高了16分。这样的成绩使我有了成就感和自豪感，我与作文和好指日可待了。

我与作文之间的情缘真奇妙，从一开始我们亲密无间，然后又因为某种原因闹"分手"，之后我们经过努力在复合阶段。

作文呀！我的"亲密伙伴"，我一定努力与你和好如初。

难忘那期盼的眼神

程悦婷

在陌生人的眼中，妈妈不过是一个平凡又有些发胖的中年妇女。但在我的眼中，妈妈是个对我充满了期盼的母亲。

在我刚上小学，还不适应学校生活的时候，爸爸和妈妈就要去上早班了。听到这个消息，我自然是不愿意的，可是抬头看到妈妈期盼的目光，便答应了下来。妈妈的眼神里写满了对我的期盼，希望我可以理解，甚至还有不能照顾我的愧疚。我的心被深深地触动了。妈妈对我期盼的眼神，让我无法忘怀，我微笑地望着妈妈，说："好，我会照顾好自己的。"这时，妈妈期盼的目光变成了欣慰，摸了摸我的头，笑了。

那是第一次考试，我十分紧张。尽管已经把书都背熟，可还是担心漏了点儿什么。考前，妈妈把我送到了学校门口嘱咐了我许多，目光中满满的期盼更让我下定决心要取得好成绩。我就在妈妈充满期盼的目光中走进考场。

考试中，我的头脑中总会浮现妈妈期盼的目光，而我又怎么忍心让这些期盼被失望所占领呢？于是，我与开始了奋笔疾书，仿佛要把我头脑里的知识全都写到卷子上似的。考完后，不出所料，走出考场便远远地望见远处的那一道期盼的目光，在许多目光中显得格外不同。焦急，紧张，但更多的还是期盼。妈妈期盼的目光成为我的动力，这一次，我没有使这一道期盼的目光变成失望。期盼的目光是如此难忘。

我在妈妈期盼的目光下长大，那期盼的眼神，让我付出了许多努力。妈妈，我就在您的期盼下长大，您的期盼是我前行的动力，是我奋斗的目标。妈妈，难忘您期盼的眼神。

那温和慈祥的话语，和那鼓励的眼神久久地在我心间荡漾着，也深深地烙在我心里。

难忘你那鼓励的眼神

李艺媛

　　曾经有一个眼神让我至今难忘，它像一把明亮的火，照亮了我的心灵；它像一个指南针，让我找到了希望；它像一束光，驱散了我内心的恐惧。

　　说到那个鼓励的眼神，一个老奶奶瘦削的身躯，仿佛又在我的眼里闪现……

　　一天，我和爸爸开车到沙滩上玩。终于到了，我跳下了车，欢呼着奔向沙滩。温暖的阳光照耀着，就像母亲的手轻轻地抚摸着我们。风中那些不知名的树张开大大的"手臂"，沙沙作响，仿佛在向我招手。

　　我光着脚丫，来来回回在那儿踏呀，走呀，好不快乐，有时还俯身去捡那些美丽的，被阳光照得熠熠生辉的贝壳。这时候，爸爸走了过来，拍了拍我的肩，说："爸爸去车上取一下东西，可别走远了，知道吗？"我小鸡啄米似的点头，转身就跑开了。

　　于是，我就在附近耍了一会儿，温煦的阳光照耀着，好不舒服。突然，有个硬硬的东西硌着我了，我不大注意，结果脚一落下，就刺似的疼，我忙弯腰一看，呀！踩着玻璃了！脚火辣辣地痛，我跌坐下去，泪水如绝了堤的洪水，不住地滴落。

过往的行人都若无其事地走开了，恐惧、担忧、害怕交织在我心里，我更害怕了，一声一声地唤着爸爸。

突然我感觉到有一只温暖的手，轻轻地抚摸着我。好粗糙的手掌啊！我生生忍着泪，好奇地想看清那是谁。啊，这分明是一张苍老的脸，镶嵌着满脸的皱纹，也镶嵌着一生的沧桑！她一脸慈爱，年轻时乌黑的头发已有如严冬初雪落地，像秋日的第一道霜。根根银发，半遮半掩，若隐若现，脸上条条皱纹，好像诉说着一波三折的往事。我看见老人正用那苍老的目光鼓励着我，像在冬日里与阳光相遇，好比一束温柔的光线。我心里突然涌起一股暖流，仿佛有一种强大的力量在支持着我，让我不再那么害怕了。温柔从背后慢慢地包围过来，耳畔传来她的声音："孩子啊，不哭了哦，哭了就不好看啦。"老人的声音里，隐隐透露着关心和同情，让我不再胆怯慌张了。

老人把我脚上的玻璃清理掉，粗糙又温柔的手掌一遍又一遍地抚摸着我，安慰着我。老人还给我讲故事："从前，有一只小兔子……"她那乐呵呵的样子，那温和慈祥的话语，和那鼓励的眼神久久地在我心间荡漾着，也深深地烙在我心里。

这时，爸爸来了，一见此景，连忙道谢，我也腼腆地说了一声："谢谢奶奶！"老人看了看我，又一次笑了。

老人那鼓励的眼神我永不能忘却，它像一把温暖的火，照暖了我瑟瑟发抖的心。

难忘你那坚定的眼神

李欣源

每当迷失在黑夜，天上的星星总会给予你回家的方向；每当遇到不开心的或难过的时候，蔚蓝的天空总会给予你美好的生活向往；每当遇到挫折和痛苦时，闭上眼睛，在脑海深处，总会想起你给予我坚定的眼神，重新燃起新的希望……

我是属于比较受生活打击的那种人。凡是我总是做不好的事，就会被一直认定做不好。而且这些事带给我的挫折感很强，使我心里的石头老是浮在空中，整天心惶惶的，连呼吸都很困难。那种感觉就好像你一不小心掉入了一个很深的海，你拼命挣扎着，却始终无济于事。因为根本没有人真正地在乎你，对待事物态度一如既往的冷漠。自从，我遇见了你，遇见了真正在乎我的人……

你的到来，仿佛给我带来无限生机，使我的生活开始生机勃勃，使我的世界亮堂起来，使我的心灵开始纯净起来。这一切的一切，源于你给我坚定的眼神。

你还记得吗？小的时候很喜欢依偎在你怀里。在你的怀里哭，在你的怀里笑，在你的怀里嬉笑打闹……直到有一天，你突然一把推开了我，推得我远远的，用了平淡的口气说："不要依偎在我的怀里了，你不可能一辈子依偎在我的怀里。"一开始我以为你在开玩笑，看着你表情严肃认真，便真的觉得不像是在开玩笑。你说的这句话，像一盆冰冷的水，从头浇到尾，使我的整颗心都是透心凉。一瞬间，一刹那，我不敢相信这是真的，似乎又回到了最初的起点，难道又要继续开始黯淡无光的生活吗？我开始心跳加速，心慌得厉害，我不知道该怎么办了。你却还是那样的口气和态度，但说了一句话："我会在你背后看着你的，你要对自己有信心啊，加油！"说完，给了我一个坚定的眼神。

"每当我找不到存在的意义，每当我迷失在黑夜里，夜空中最亮的星，请指引我前行……"啊，是你！每次想放弃自己的时候，每次迷失在黑夜的时候，你仿佛是黑夜中最亮的那颗星，给我新的希望！

谢谢你，总是在我困难的时候帮助我；谢谢你，总是在我最迷茫的时候指引我方向；谢谢你，总是在我最想放弃的时候给了我那坚定的眼神。你那坚定的眼神使我永远不会忘记！

080

留在心里的感动

刘洛辰

一次意外的遭遇，让我把感动留在心里。

"宝贝，宝贝，起床了，我今天有事，起来你就去外婆家，钥匙放在桌子上了哦！外面下雪了，你要穿厚一点儿。"我被妈妈的啰唆吵醒，外面下起了鹅毛大雪，我不情愿地挪着身子，哆哆嗦嗦地去洗漱，然后拿着钥匙和零钱准备去外婆家。

北风"呼呼"地刮着，天气是这么冷，我在雪地里跑起来。不一会儿，就到了车站。公交车还没有到呢？"给外婆买个礼物吧！"我想着，便走进了超市。商店里的东西各式各样，我在礼品之间挑来挑去，拿不定主意，经过再三犹豫，我决定买一盒糖果给外婆。终于买好了，我冲出商店踏进公交车里，刚准备把钱交给售票员时，却发现口袋里的钱不见了，我尴尬地把伸出的手迅速收了回来。我想下车，可是车已经出发了，只好假装淡定，安慰自己售票员不一定看得到，想侥幸逃过这次的车费。我的脸上火辣辣的。我在脑袋中回想这件事，却觉得奇怪，我明白了售票员知道我没有交钱，但却慈爱地宽恕了我。到站了，我给她一个微笑，她笑着对我说："没关系。"我回味着这句话，被它深深地感动，一束阳光照耀在我的身上，也照耀在我的心里。冬日如此寒冷，但我的心里却有一股暖流缓缓流过，我觉得十分温暖。

第二天，我想把钱还给那位售票员，她摇着手，不肯收下。"就一元钱而已，不必要你再跑一趟，这钱我不收了，如果你执意要给我，不如给路边受冻的乞丐。"她的话是那样坚决，我只好依着她的话把钱给了路边的乞丐。"那我还是欠着您的，我很感动您这么善良。""不用，感动留在心里就好。"

我愣住了，我被她深深地感动，眼前的这位普通的售票员，既普通又不普通，她有着高尚的灵魂。我对她的感动将永远留在心里。

守护那一抹晚霞

留点儿记忆在心里

夏小林

岁月像水上漂浮的暗香不断地东逝，悉数过去的时光，才发现有一个人的影子依然清晰，无论时光是否老去，那份记忆永留于心……

那是2003年的春天，由于非典的缘故我被送回老家。那是第一次见他，老人坐在轮椅上，他的身后有满院的栀子花，芳香四溢。他冲我笑，像朵雏菊，明媚得仿佛不惧凋零。我记不起彼时的感觉了，只是有莫名的悲伤蔓延在心里。

那段日子一直陪着老人，他那时已经面部瘫痪，与我说话时支支吾吾地说不清。我总是推他到院子里，那里有他侍养的花朵，他总是颤颤巍巍地抬手，是我不明所以时用手拍拍我的头。

岁月静好，却从未想过一切发生的那么突然。

那天傍晚同姐姐从镇子回来时，就看见邻居围拢在我家坡上，一见我来，立刻嚷嚷道："快去卫生所，你爷爷不行了！""爷爷！"我一下子如五雷轰顶，撒腿跑去。

那可能是这辈子都没有过的感觉，我看见老人躺在病床上，他的嘴张着，好像要说些什么，窗外夕阳正好，镀在他脸上，却苍白依旧。刺鼻的古老水味道向我袭来，难过得令人掉下泪来。大人们红着眼眶，催促着我："快去跟爷爷说话啊！"我走上前，看他凹陷的眼晴深深望着我，一句话也说不出来。我坐在他床边，很久很久。

那天夜里，下了很大一场雨。我看见老人的嘴张了张，我想握紧他的手，可终究还是无法抓住，他身旁的心电图归于平静。那夜我静立在走廊里，听见大人们慌乱的脚步时以及痛哭的声音，感觉有人从时光深处缓缓而来，然后渐行渐远。您会过得很好的，对吗？

我一直没有哭，我记得老人最后同我说的一句话，那口型像是：好好的……

我不知道这是怎样一种感觉，一个人，在你漫长的生命里只存在了几个月，仅仅是几个月，然后消逝，可他给你留下的却是无穷尽一生也难以忘记的记忆。

留点儿记忆，给心灵深处的您，愿我们都好好的。

留点儿时间

徐 娟

在来回奔波的路途中，你们可曾留点儿时间欣赏路边的风景；在做完作业后的空暇之余，你们可曾留点儿时间看看静谧的天空；在夜晚即将入睡前，你们可曾留点儿时间研读一些美文……

留点儿时间听鸟鸣

周末的早晨，提早起床十分钟，我们可以沐浴在阳光下，静悄悄地等着一两只鸟儿飞来，放声高歌一曲，有时，或许还能碰到一个庞大的家庭，"啁啾啁啾"地叫着，似乎是在寻找食物，又似乎是在寻找伙伴。

我想说，不是一大早起来就火急火燎地赶去补课，也不要立刻淹没在无底的书中。我们何不留点儿时间去听一听那大自然歌手的噪音和旋律，然后再带着一份好心情去做自己该做的事。

留点儿时间晒太阳

在慵懒的午后，阳光尽情地洒在书桌上时，让我们抛开作业，拿一本书或戴上耳机，坐在阳光底下晒晒太阳，让疲惫的身体，紧绷的神经休息休息。

太阳是万物之本，植物靠太阳生长，人虽不要，但是闷在潮湿的屋里，也不总是那么好过的，静静坐在太阳底下，闭上眼睛，说不定你还能嗅到它的芬芳呢！

084

留点儿时间散散步

在月光倾洒的小路上，或在清风拂过的小道中，你是否偶尔有一丝悸动？想去走走，就这么走一走。是呵，我们有太久没散步了。留点儿时间去散散步吧，并非伏在书桌上是永久的定律！

留点儿时间，去做一些我们想满足的小愿望。

留点儿时间，去触摸花朵、阳光和微风。

留点儿时间并非就是浪费时间。留点儿时间，去做自己想做的事吧！

留点儿最清纯的眼泪

张晓寒

　　那一次，我流泪了，是第一次真正的流泪，那是最清纯的泪。

　　自以为人缘还不错的我，班上的确有许许多多的死党，关系融洽得很，基本上我是没有为她们哭过的，不过除了有一次，朋友骂我骂得很凶，当场，眼泪就不争气地流了下来。

　　我以为，我为一个人流过泪，她对我来说，便是极为重要的。但我后来明白，那样的泪不真实，那样的泪太浑浊。

　　一个普通的下午，与朋友们尽兴之后，仍然兴致勃勃的我回到了座位。教室的一角，趴在桌上的瑶，引起我注意。她仿佛睡着了一般，一动不动。于是，我转过身子，坐在她的对面，像她那样趴在桌上，问了一句："怎么了？"她抬起头，眼神中闪过一丝难过与无奈。

　　"你知道吗？我有个哥哥，上高中了，今年高考时，落榜了，现在他补习了一年，比往日用功好多，好刻苦。"瑶将投射在我脸上的目光转移到了远处，"我觉得我现在整天都在混，我怕将来连二中都考不上。"顿时，我想起了自己，整天与朋友们嘻嘻哈哈，时间就这么过去了，人就这么一天天在长大，可总是醒悟不过来。

　　"那我们一起努力啊，一起考一中。"我只是无意说了一句。

"嗯，一起努力，一起考一中！"她的语气中，有了点儿自信，有了点儿依靠。"你一定要考上啊，而且咱们要分在一个班！"

在无人注视的角落，没有人会知道，两个女孩儿的心中，许下一个梦想的承诺。

我流泪了。

一滴清晰的眼泪滴在我的手背上，凉丝丝的，那一刻，我感到了前所未有的满足。

"嗯，我们一起考一中，一起努力啊！""你一定要考上啊，而且咱们要分在一个班！"声音回荡在心中很甜，很甜。

是谁乘舟将欲行，才闻岸上踏歌声，桃花潭水深千尺，也不及那一颗清纯的泪的分量。

想去好好留下那一颗泪，好好地去实现那个两个人的愿望。

086

留在心底的眼神

崔萧扬

一想到那个眼神，心里就不由得涌起一阵寒意。

小时候，我经常和妈妈到最繁华的步行街去玩。当时的我，特别喜爱这些热闹的地方。可能是马上要过年了吧，步行街里到处张灯结彩，行人摩肩接踵。我东张张，西望望，好奇写在脸上，眼里满是喜悦，心情也格外好。

可是，在这繁华都市的一角，总会出现不和谐的一幕：满眼喜庆与红火的街头，几个衣衫褴褛的乞丐，常常也夹在熙来攘往的人群里乞讨。时候已经是深冬了，可他们却穿得衣不蔽体，一阵冷风吹过，他们就蜷起身子，看起来像是一个球，可能只有这样，他们才不会冷吧。他们的脸上写满了忧愁，连脸上的皱纹也是一层一层的，好像拿熨斗也烫不平。

走着走着，我迎面遇上了他们，那个时候的我可能是太不懂事了，童言无忌，便指着他们大笑起来："哈哈，他们看起来真搞笑！"话刚笑完，我就感觉有点儿不大对劲儿，妈妈用一种我从未见过的眼神瞪着我。这个眼神，让我仿佛置身在冰原上，彻骨的冷风吹到我的脸上，就像刀子一样，让我无所适从。妈妈冰冷的眼神后面，还夹杂着浓浓的失望。一瞬间，我就像是吃了一颗秀逗糖，被那种酸味包裹着，酸得能让我掉出眼泪。这眼神笼罩了我的全身，我忘记了呼吸，也忘记了说话，妈妈失望的眼神，就像一块寒冰把我的心也给冻住了。我转头一看，那位乞丐脸上的愁苦似乎也更浓重了。

我立刻反思了下自己的行为，我想我不应该这么对待别人，我应该用一颗善良的心去温暖别人。这么一想，我对上妈妈的目光，报以歉意的微笑，连忙从口袋里掏出几块零花钱，走上前去，递给那个老乞丐，在老乞丐的连声道谢中，飞快地跑回妈妈的身边，妈妈重新牵起我的手，微笑地向我点点头。她的手是温暖的，而我的手也是温暖的，心同样也是温暖的。

从那以后，我再也没有嘲笑过别人，遇到需要帮助的人，我也会友善地奉上我的微薄之力。因为，妈妈的那个眼神，我一直留在心底。

我的吃货闺密

李恩熙

　　我有一个吃货闺密。她的脸蛋圆圆的，像极了刚出蒸笼的包子，白白胖胖，非常惹人喜爱。水汪汪的大眼睛像是两粒耀眼的黑宝石，一张嘴巴大大的，让人一看，就感受它随时能吃掉一大盘食物似的。她的名字叫张咏仪。

　　咏仪是我们班出了名的吃货，别称"吃货女王"，只要看见好吃的，那她定是"口水直流三千尺，两眼放光从不停"。

　　每当美食驾到，她总是两眼笑眯眯地盯着食物，非常专注地施展她的"吃功"。只见她左一口，右一口；时而狼吞虎咽，时而细细咀嚼，有时还舍弃筷子，直接动用"五爪将军"，一吃起来，什么斯文呀，什么吃相呀，全都抛到九霄云外了；一吃起来，就根本停不下来，连周围的人也忍不住跟着咽口水。每次吃完后，她还总不忘来一句："这酸爽，不得了，不得了！"可见对于吃，她该是有多满足啊！

　　有一次，老师给我们组奖励了一个比萨饼。我只不过是出去一小会儿，回来时，盒子里的比萨饼不翼而飞了。想都不用想，肯定是"吃货"的杰作了。我故作生气地说："我的天哪，大小姐，你也不用那么神速吧，又没人跟你抢！"她笑了笑，不好意思地掩住了脸。

咏仪的性格很开朗，整天嘻嘻哈哈的，像个顽皮的三岁小孩儿。有时还特别会逗乐呢！一次，我们几个家庭晚上聚会，不知谁讲了一个非常吓人的故事，我都快被吓哭了。咏仪走过来，像个大姐姐似的，拍拍我的背，轻轻地说："没事的，怕什么，都是假的，编出来吓人的。别怕！我给你讲个笑话吧！"只见她一会儿挤眉弄眼，一会儿手舞足蹈，一会儿又板着脸，样子、语气都非常搞怪，逗得我们大家肚子都笑疼了。

有人说："友谊的小船说翻就翻。"可是在我眼里，我们俩的小船却越来越坚硬了，也许这就是友谊的力量吧！

我的个性同桌

杨　阳

089

不久前，老师调了一次座位，他，便成为我的新同桌。

他个头不算高，只要你看到他的身材，脑海中定会浮现"他很调皮"这个印象。事实确实如此，他的外貌没有什么特别之处，唯独可以提到的是他的头发：变异种类太多，棕的、黄的、白的，数不胜数。还有几根被他视为珍宝的金红色头发，经常成为他向别人炫耀的对象。

他特别喜欢恶作剧，后排的女同胞一提到他就连连摇头，同为女同胞的我，决定对他"报复"，做起了"老"招数：待他来到座位准备坐下，我就以迅雷不及掩耳之势抽掉板凳，他便毫无防备地重重坐在地上。他爬起，用小小的眼睛责备地望着我，可一会儿他又笑了，摇摇头，摆摆手，叹了一口气："哎，你呀你……"我则嬉笑着说："强中更有强中手！你没听说过吗？"自此以后，他养成了习惯，总是先抓住凳子，再坐下。

他好胜心十分强，一次数学测试，他面对还不错的成绩，却失望地叹气。一询问，原来，他一直在和他前任同桌华比赛呢！后来几次，他还是没有超过华，于是我看见他的只有愁眉苦脸。时间一长，我便把他们比赛的事忘了。没料到的是，又是一次考试结果公布，我第一次听到了他响亮的欢呼声："哦！我终于超过华了！终于超过了！"

他有时写起作文来非常"离奇"。一次，在老师的"吩咐"下，他才依依不舍地把他心中的大作递给我。我飞速地看了一遍，结果笑得上气不接下气，有一处，是这样写的：那一次，我没考好，只考了班上第十四名，被爸爸妈妈骂得狗血喷头。我间接地问他："你爸妈是不是被你写得太'恶毒'了？"他明白了我的意思，无奈，只得拿回"大作"说："我改，我改，还不行吗？"

090

我的阳光同桌

蔡凌寒

是她，将我的人生路上洒着灿烂的阳光，是她，将我的灵魂牵引到光明之地；是她，教会了我好多好多东西，也使我改变了好多。

她是我的同桌，一个我见过身上充满阳光最多的人，与她在一起，可谓真的是"沾光"。

说她是阳光，说她是太阳，并不是凭空的。从学习上来说，她是坚强的。

期中考试，数学虽说不简单，但也不太难；而语文内容不太多也不算难；英语虽然超出范围，但也超简单。有"恐考症"的我俩算是栽了一次。一直为数学老师所欣赏的她只有87分，而身为语文课代表的我，语文也只有90分。更郁闷的是：英语我只有60分。这时，她的阳光笼罩了我全身。

考砸了，谁不难过？我是怨天怨地，心中好不郁闷。可是，旁边的她一点儿也不焦虑，当我问她为什么时，她只是笑嘻嘻地说："再努力吧！不努力，往后怎能考到满分呢？"

是啊！你不努力，往后又怎么能考到满分呢？一句短短的话，开启了我的心扉，阳光透了进来，心房顿时充满了阳光的温暖。

被老师臭骂，她是乐观的。一次课上，前面的同学说了一个笑话给我们听，逗得我们不由得笑了起来，不巧被数学老师发现了，老师无情地批评我们。本以为会哭的她，却当什么也没发生，下课照旧与我嘻嘻哈哈，谈天说地。

这就是我的阳光同桌娟，总会留给我一缕阳光的娟。

我的小屁孩儿同学

包 喆

说起她，真的特别活泼，特别像小孩子，因此，我称她为"小屁孩儿"。

她是我们班班长——阳至。阳至长得很高，她的头发不长，可以梳出马尾，但很弯，而且整齐，成了个半圆。她很阳光，笑容像孩子般纯真。但和她站在一起，我就无地自容，因为我是仰头看她，阳至是俯视我。

说起身高，她着实逗笑了我们。傍晚放学，我们推车出来，我们谈着谈着，聊到身高，我羡慕地说："如果我像你一样高就好了。"阳至顺口答道："高其实也不好，衣服很难买。"阳至的实话让我在笑声中自信起来。

你有些怀疑我离题了吧！放心，接下来听我讲述她的"英雄事迹"。

我们的体育课在下午第一堂课，自由练习时，突然有人在我后面将我拦腰抱起，"哈哈"的笑声响起，我赶紧大叫："阳至，快放我下来，中午吃的饭要吐出来了！阳至。"她终于松手了。阳至凭她的身高和力气老是"折磨"我，害得我每次都很警惕地望望身后。

阳至是运动员，跑得很快，快得让我惊讶，让我疑惑，让我佩服。有一次，我忘了等阳至，当我到停车场时，阳至却已经到了。她坐在后座上，大腿架小腿一脸得意地望着我。我很惊奇，明明是我先走，但她却比我早到。我睁大眼睛，问道："阳至，你怎么这么快？"她忍着笑说："我有捷径。"她那神秘的样子让我更好奇，但不管我怎么软磨硬泡，她始终不肯说。接连几次，我故意不等她，她却每次比我早到。难道真有什么捷径？

终于，我揭开了秘密。有一次，我和徐娟先走，无意间看到阳至飞快地从旁边的花坛上跑过，喘着气坐在座位上等我。我们两个笑得快岔了气，不禁觉得我们太笨了。我对徐娟说："让我逗逗她。"我忍着笑，走到她面前，故作惊讶地问："阳至，你怎么又这么快？到底有什么捷径呀？"她故作神秘："不告诉你！"我们两个笑得捂着肚子。阳至一脸疑惑，我断断续续地告诉她，我们已经揭开她的秘密，但她还硬撑着："捷径就是两条腿嘛！"

第二天，我对她说："我等着你，别再跑了。"身旁的徐娟又笑个不停，阳至尴尬地笑了。

真是个调皮的孩子！

093

母 女 日 记

李 黎

9月1日 星期五 阴

今天第一天上学，同学们见了面可亲切了，可我的心情却不怎

守护那一抹晚霞

么样。

上午在学校，几个好友围住我，像打量怪物似的说："都什么年代了，还这么老土，这么平庸？一点儿个性都没有，怎么混呀！"我打量了一下自己：齐耳的学生发，整洁的校服和帆布鞋，和她们那剪着碎发，上穿紧身衣，下着大筒裤的一身"个性"打扮还真有点儿格格不入。

唉，好不烦恼！

9月1日 星期五 阴

女儿今天不知怎么了，一回家就闷闷不乐，只是把帆布鞋扔得老远，问她是不是和同学发生矛盾了她也不说。我想安慰她却无从下手。

唉，青春期的女儿哟！

094

9月10日 星期日 阴转晴

经过一个多星期的思考，我认为我也该和她们一样，变得有点儿"性格"。

下午在赵芳的指导下，我买了一套酷味十足的衣服和一双满是"补丁"的鞋，还聆听了她好一阵"个性"感言。

想到以后就可以和她们一样有"个性"，赚足大家的眼神，真是蛮兴奋的。

9月10日 星期日 阴转晴

今天下午，女儿自从和赵芳买衣服回来后就一直关在房里说悄悄话，不时还来点儿惊叫，真不知她们搞什么鬼。

明天是该找机会和她谈谈了。

9月11日 星期一 晴

妈妈今天没让我穿那套"行头"，我连问数个"why"，并告诉妈妈现在同学们都很有"个性"，只有我平淡如水。妈妈笑了，说："我还以为是什么事呢！相信自己，你很有个性！"我知道妈妈是开导我，就苦笑一声算是作答。妈妈接着说："你按照别人的意思打造你的个性，那你还是你自己吗？而且你们的理解是肤浅的，'个性'是指自己与众不同的地方，服装前卫并不能叫个性，充其量只是另类。个性应该有更深层次的内容，比如独立、坚持真理、追求自己的理想。所以你只要做你自己，你就是最有个性的，因为全世界只有一个你。"听着妈妈的话，我差点儿感动得哭起来。多么了解我的妈妈！多么伟大的母亲！多么有个性的"个性"感言！

哦，我不再困惑了，我不再去打造别人眼里的"个性女孩儿"。妈妈，谢谢你！

9月11日 星期一 晴

和女儿的一席谈话让我们都放松了心情。我尽到了一个母亲的责任，让女儿对自己有了更足的信心，我真高兴。

女儿，妈妈等着看你走出一条属于你自己的个性化道路！

妈妈，对不起

张 丽

"你好烦哦"，这是一句妈妈说过最多的话，甚至多过"我爱你"。

知道父母肯定都是爱孩子的，但总是不被我注意，我知道父母为我盛饭是爱我，但总被我忽略。千千万万的爱依次呈现在我面前，我从不会去挽留，去珍惜它们。

因为人生有太多坎坷，学习有太多不顺，家长们也只是一味地责备，我厌烦了，像厌烦垃圾一样，他们的爱被他们自己的责备声所埋没。

日子像这样冷漠地一天天在过。

一天晚上，随便换了几个电视频道，看见有一部电影在放——《长江七号》，饶有兴致地看了起来。

主人公周小迪家境贫困，一日，他的爸爸从垃圾场捡到一只外星狗，小迪将它取名为"长江七号"。因为成绩不好，想借助外星狗力量来考100分，结果，外星狗小七根本没有这个能力，周小迪意外地考了个0分，爸爸很生气，小迪说不希望再让他管，爸爸说道：如果他考及格了便不再管他。一次考试，小迪终于考了65分，喜悦的同时，一个坏消息悄悄传进他的耳朵——他的爸爸在工地工作，意外丧生，悲痛顿时传满了小迪的全身，这时的小迪十分后悔说出的："我不要你再管我。"

这时，我关掉电视，因为我知道，最后长江七号使他的爸爸复活了，但这毕竟是一个拥有美好结局的想象。相同的是，不论说出的是多么尖锐的话语，结局都只会有一个——亲情是无价的爱。

曾听过这样一个故事，一个弟子问师父，真的有极乐世界吗？为什么我看不见它？师傅没有说话，带他来到了一间黑屋子，问，你能看见墙角的斧子吗？弟子答：看不见。这时，师傅点亮一盏灯，这才看见墙角有一把斧子，师傅说："看不见就代表没有吗？"

是的，被责备埋没就没有爱了吗？不！爱依然在那儿。

所以，妈妈，对不起，现在我终于知道，爱依然在这儿。

妈妈的匣子

胡忠静

心跳一点点加速，手心里渗出了密密麻麻的细汗，眼前的匣子像一块强大的磁铁再一次将我的目光吸引了过去……

这，是妈妈平日里视若珍宝的匣子啊。平时，它总是被妈妈珍藏在柜子里，今天，我得趁妈妈出去的空当儿揭开它神秘的面纱。

我再一次端详着眼前的匣子，虽然已年代久远，却没有一点儿破损痕迹，上面连一丝灰尘都没有，这都是妈妈平时擦拭的功劳。紧紧盯着它，心里浮想联翩：这里面会装什么呢？妈妈童年的纪念品？爸爸出去旅游的小玩意儿？外公外婆送给妈妈的礼物？

现在，只有打开它才会"真相大白"。一想到这里，我心中的使命感又加重了，扶着匣子的手不由自主地颤抖起来，猛吸一口气，手用力一抽，匣子打开了，眼前的一幕令我有些措手不及，没有精美的纪念品，没有"历史悠久"的玩具，而是一排排堆放整齐的照片。我轻轻地拾起一张，嘿，这照片中的小女孩儿不是我吗？看着小时候的我依偎在母亲怀里的幸福快乐模样，心底荡漾着一股暖暖的感觉。

刚准备放回柜子里，不小心失手将匣子打翻了，照片如天女散花般纷纷飘落，我大惊失色，手忙脚乱地收拾起来。捡起一张，嘿，这不是我和妈妈的合照吗？才几个月大的我，被妈妈高高举过头顶；哎，这一张，是我和妈妈在草坪上嬉戏；那一张，是我和妈妈在赏花……咦，这一颗小牙齿，不是我掉的第一颗乳牙吗？哟，一缕头发，这好像是我第一次剪下的小辫子呀……原来，我的童年的幸福瞬间并没有消逝，而是被妈妈珍藏在这个匣子里，珍藏在她的心中。蓦然间，我意识到，这不仅仅是满地的照片，而是母爱的见证呀！

098

我小心翼翼地将照片拾起，又轻轻把匣子放回原处，不知为何，竟情不自禁地冲着匣子傻笑起来。

那一刻，我感觉到全身被注入了一股神奇的力量，或者说，我又多了一个"护身符"，它的名字叫"爱"……

夕 阳 情

蒋益豪

"有本事你就别回来了！"母亲拿着扫帚，把我赶到门外。

"不回来就不回来！"我愤愤地想着。紧接着，门被重重地关上，我只好拿着我手中的书，向外面走去。

正是晌午，这个世界似乎都静止了，分外宁静。唯有树叶，随风轻轻摇晃。既然现在回不了家，不如找个荫蔽，看会儿书，暂时休息一下。

树的茂盛绿荫将我吸引到一处，那里花草丛生，像极了一张自然地毯。花香四溢，沁人心脾。我沉浸在这个美丽的地方，视线越来越模糊……

近傍晚，我在喧哗的人声中醒来，拿起草上的书迷迷糊糊向远处走……风在我的耳旁呼啸，隐隐约约之中，我仿佛听到了母亲的呼喊，我惊喜地四顾周围，却唯有空影。

我听到了我的心在哭泣，我是不是不该那样？早知，我也不会如此了！从我周旁走去的人们，每个人的脸上都绽放着笑容，他们是不是在嘲笑我？

"瞧！就是这个孩子，特别不懂事！""是啊，连一点点事都不愿做，做不好！"心隐隐悲痛，我漫无目标地走了许久许久……

"可这并不都是我的错啊！"我在为自己的行为找借口，在这个充满干燥而又忧郁的空气中，连树叶都枯萎掉落，我心里也明白母亲的良苦用心，但就是接受不了！

日暮于西，鸟儿掠过头顶的那片天，寻找归所；

日暮于西，花儿低瞧脚下的那片地，观望生源；

日暮于西，一个孤影漫游在余夕中，寻找真亲。

乌鸦的聒叫从远方传来，望去，却只有西下的落阳和被渲染的云缕。不知为何，乌鸦的叫声反而多添了几分悲凉和火气。突然，一道黑影划过，直窜到树梢。

透过密密叶缝，我看到了动情的一幕——

一只小鸦啄起一只青虫递给一只老鸦，眼中满满都是关爱，看着那孝敬的眼神，我的脑海中突然涌出一幅幅画面，幅幅画面都刻画着母亲的辛劳！老乌鸦的眼里充满着犹豫和满足，它稍停片刻，接过了孩子的青虫。不知它在品尝青虫时，嘴里是不是满是甜蜜？心中是不是满怀感动……

乌鸦反哺夕阳下，关爱满怀卧心间。

一时，百感交集。一切愤恨和委屈都溶解在一个叫"爱"的暖流中，我的泪水再也无法被我的倔强所抓牢，流淌在双颊。我向家，没命地跑去，带着感动与歉意……

晴天就在眼前

　　阳光洒满大地，我和瑶欢快地走在校园里。我们眯着眼盯着蓝天，都抛开了心头的阴霾，是啊，晴天就在眼前！

我不再害怕鬼

白 杰

小时候，因为经常听大人们讲鬼故事，还常和哥哥姐姐们在一起看鬼片，我从小就对鬼有一种敬畏之情。

每每到了晚上，便感觉到一股阴风吹来，我不禁打了个颤。我感觉，在几分钟之后，便会有一个面目狰狞，形状恐怖的鬼出现在我面前将我带走。一想到这儿，我就觉得背后凉凉的。

有一天晚上，我独自一个人在家。门关得十分紧，灯也都全都打开了。但我还是感到十分害怕。我又把所有的窗户都关上了，并用窗帘遮住，又把自己房的门关上并锁上了。

我微微松了口气。就在这时，我听到了一阵铃声。我害怕极了，屏住呼吸想听一听到底是什么声音，可是听不到，我恨不得让自己的耳朵变成顺风耳听一听这到底是什么声音。

我轻轻地打开了房门，嘿，原来只是电话铃声而已，真是自己吓唬自己。我正准备去接听电话，可脑里又浮现出《午夜凶铃》的一幕：一个人去接听电话，突然听见里面传出一种凄惨的声音，随后，电话中又伸出了贞子的一双惨白的手。

想到这儿，我犹豫不决。不知是去接电话还是不去接电话？最后，我决定了，去接电话，我拿起话筒，与自己保持一段距离，然后才吐了一个字："喂。"噢，原来对方是我爸爸的朋友，我说爸爸不在家后，他便挂了电话。切！电视上都是假的，根本就没有什么手伸出来嘛！

后来，我在电视上看到了这些所谓"鬼片"的拍摄。原来，鬼片中鬼的身后慢慢移动的场景，其实想制造十分容易。只需要让人踩在滑板上，然后另一个人不停地在一边拉就可以了，那个踩在滑板上的人便会徐徐移动，或者把一个人吊在空中，然后移动吊索就可以制造鬼在空中飞的假象。电话中伸出手的假象，只需要把电话和手这两张图片合并为一张就可以了，鬼脸上的可怕面目和青色其实是那些用特殊材料制的面具罢了。鬼根本就不存在，这个世上根本就没有鬼这些东西，那根本就是人们虚构的。

了解到了这一切，我再也不怕鬼了，再也不用害怕晚上接电话了。因为我知道这个世界根本没有鬼。

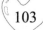

我不再害怕黑夜

王子璇

夜太漫长，凝结成了霜。

——题记

小时候，我是很害怕黑夜的。每当夜幕降临，我很少出去过，躲在家中。有时家里的灯没有打开，我甚至不敢随意走动，害怕那黑黑的地方。上学后，我仍然害怕黑夜，因为我知道今天又要过去了。而当我睡在床上，又会害怕黑夜中会发生什么不可思议的事情。

以前，乡村的人家也不多，他们把灯熄灭后，整个地区就会沉浸在黑暗中。我躺在床上，看着窗外一片漆黑，总觉得仿佛有什么恶鬼在哪里盯着我。于是，我就将被子蒙在头上，使自己看不到窗外的东西，不会太害怕，可我心里还是没底，还在害怕着。

搬到城里上小学，我依然害怕黑夜。当黑暗来临，我依旧躲避、退缩，不敢走到那片黑暗中，连看都不敢看一眼。黑夜对于我过于漫长，爸爸打我、骂我时多是在夜晚。所以，我是十分憎恨黑夜，也很害怕它的来临。我喜欢的是白天，因为白天可以使我做许多我喜欢做的事，而当黑夜来时就赶走了白天，使我做不成那些事。

更可怕的是，黑夜的到来就意味着一天的结束，标志着这一天永远不会再来了。这是一件可怕的事。在这一天中，我或许还有许多事情需要去做却没有去做，许多话想说却没说出口，许多东西要学却没有学。那样很可惜耶！于是，"今日事，今日毕"我就做不到了，只能"明日复明日"，但"明日何其多""我生待明日，万事成蹉跎"。

现在，我已经不再害怕黑夜了。我现在敢在黑暗里走来走去了。因为我知道这黑夜不算什么，明天太阳依旧升起来，我的事儿可以明天去做。只要我珍惜时间，事情终究是可以做完的。这漫漫无尽的黑夜可以让我好好反省自己呢！尽管以后都会有黑夜，但我知道还有白天。

我不再害怕雷电

杨　阳

自古以来，多少文人骚客在字里行间留下了对雷电的敬重。你听，龚自珍吟道："九州生气恃风雷，万马齐喑究可哀。"多么气势磅礴啊！

雷电似乎天生就是天神怒色的号角，小猫、小狗一觉察雷电交加，立刻夹着尾巴躲到了某个窄小的角落里，敬畏中带着害怕。

我也曾害怕过雷与电。

多少个阴霾的白天与黑黝黝的长夜，目睹窗外的电闪雷鸣与暴雨倾盆，总是依偎在爸爸妈妈的怀里，惊恐地望着一切，仿佛世界变得那么陌生……

直到有一天傍晚，雷声轻试嗓子，闪电在空中划出一道道弧线。"又是一个暴风雨之夜来到的前奏！"我心里是这样想的，可却见到爸爸欣喜地大跨步地上了二楼，十分紧急似的。

我好奇地等着爸爸下楼来，却等了好久。"咦？爸爸干什么去了呢？"我不禁心生疑惑，但看着乌云密布阴暗的天空，似乎要把人吞噬似的，皱了皱眉头，犹豫了半晌，飞快地跳上了楼梯。天空中的雨点洒在身上凉丝丝的。

真奇怪！爸爸正站在阳台上深情地望着天空，那急切的眼神就像是在寻什么宝贝呢！莫非是陨石掉下了，还是？突然，一道亮彻云霄的闪电把我吓了一跳，凭着本能的敏感，我知道将有剧烈的雷声！我情不自禁地向爸爸怀里靠了靠。

爸爸原本一直全神贯注于天空，发现我碰到了他，看着我一脸惶恐不安的样子，却笑着说："有那么可怕吗？"我不知所措地呆立，不知是点头还是摇头。爸爸却更乐了，指着天边一道一现便逝的闪电对我说："它是不是很有艺术感呢？"在爸爸的指点下，我真的发现了它的美感，一会儿如古树躯干那样蜿蜒曲折，一会儿疯狂地学习写字，一会儿闪电直插云霄，最后有流露着淡淡的紫色……我不禁看入了迷，这时，发现雷声也不再是那样刺耳，也变成了一种音乐——不是摇篮曲那样轻盈甜美，不是民歌那样和谐悦耳，它是一种庄重雄厚的交响曲！

瞬间，我的恐惧全无，看着"黑云翻墨欲遮天"，我真想化作高尔基笔下的海燕，去接受暴风雨的洗礼！

很多时候，怕与不怕，就如同闪电，只在一念之间。

那一刻，我有点儿伤心

吴若君

"妈妈，这个月的零用钱？"调皮的弟弟向妈妈伸出那双小黑手。

"你呀！"妈妈打开钱夹，用手指了指站在一边的我，"什么时候像你姐那样，自己赚零用钱，用得多有意义！"

"切，不就是帮表姐送花嘛！谁不会呀？"弟弟一脸的不屑。

"你有本事，你去送呀！"我立刻从沙发上跳起来，反驳说。

弟弟闷了一会儿，好像不知如何接我的话，突然灵机一动，来了句："帮大表姐送花还要钱，真抠！"

"亲兄弟还明算账嘞，这是我应得的！以后你别找我要零花钱！"我迅速敏捷地说出了心中所想。

"那怎么行？你赚的钱必须分一半给你弟弟！"奶奶从厨房中慢悠悠地走出来，帮着弟弟说，"否则，你暑假就别去你表姐那送花了！"

"可是，他什么也没有做，凭什么给他钱？"我感到十分委屈。

"你都上六年级了，你弟弟才三年级，理所当然，你就该分点儿零花钱给他！"

"对呀！你比我大，你就该给我钱花！"弟弟一脸无赖地对我说。

"我凭什么要给你钱？我有什么义务要给你钱？你是手断，脚断，半身不遂，还是脑子有问题呀？要我给你钱花，做梦！"我像放连珠炮似的，开始猛烈反击。

真是笑话！跟我比嘴上功夫，那弟弟可差远了！在班上，我可是远近闻名的"毒舌女"，不被我说得找不着北，算他走运。

奶奶见弟弟无力招架，便替弟弟辩解道："你没有义务给你弟弟钱花，那你爸妈有什么义务给你钱花？你穿衣吃饭上学的钱，都是从哪儿来的？"

"因为他们是我爸妈！"我理直气壮地回答。

"你给他钱花，就因为他是你弟！"弟弟是奶奶的心头肉，每次我和弟弟发生冲突，奶奶都要帮着弟弟说话。"你弟弟可是我们家的独苗，就算全家没钱花，也不能亏待他！"

我无语，默默地跑回自己的房间，一头栽倒床上，伤心地哭了。
窗外，雨淅淅沥沥地下着，什么时候才能停下来呢？我不知道。

难过时，给自己一个微笑

晓　涵

　　粉粉的脸颊上，有一条透彻的渠道，可是，嘴是微微往
上翘的。

——题记

一

　　她是平凡的，是不起眼的，成绩平平，最高也只有八十分，甚至
有好几次是不及格的。同学的生日派对，没有人会想起她，别人犯错
时，总会想起她，让她来顶替。在同学眼里，她只不过是个替罪羊。
曾经，有个同学买书的五十元不见了，那位同学死死咬定是她干的，
根本不给她一丁点儿反驳的余地，无辜的她把自己一个月的生活费拿
了出来。全班以嘲讽可耻的眼光看着她拿着钱的那只手，这个时候她
的心凉了，完完全全，彻底地凉了。她面对的宛如是一个个冷酷无情
的魔鬼，折磨着她那纯洁的心灵，销蚀着她的自尊。偶有几个心软的
同学，可怜她，就连班主任也对她不抱有希望。
　　到了下学期，她仍然被同学们遗忘、排斥，她永远也甩不掉"小

偷"或"扒手"的称号。可是，她似乎开朗了点儿，不再那么自卑，常常会对人微笑。每一次见到老师，她总会与老师打声招呼，有时也会问几个不懂的问题。当然会有人问她，她的回答很简单：微笑。

二

渐渐的，她的学习成绩似乎也在慢慢上升，她不再是倒数，而且整个人显得很有精神，显得很有活力。她越来越爱帮助别人，运动场上，她忙着为运动员递送毛巾；学习时，她总会帮比自己成绩差的补习功课。一些同学开始愿意与她做朋友。

再渐渐地，她的成绩像洪水，猛地涌了上来，超过了班里所有的人，全班人好似都是她的崇拜者。她变了，从一个被冷落的丑小鸭，慢慢地变成一个优雅高贵的白天鹅。

三

一次家长会上，班主任让她发了言。

"尊敬老师，各位家长，你们好！

"我是一个单亲家庭的孩子，我的母亲生我时难产走了，我的父亲整天泡在酒吧里，时不时，在醉酒中打我骂我……"

全场的人都震惊了，班主任也十分自责，作为班主任，却从来没有去了解她，关心她。

"我的确很自卑，因为我为有这样的父亲而可耻，但是我看了海伦·凯勒的自传《假如给我三天光明》，我明白了，这点儿小事根本不算什么。于是，我养成了一个习惯，无论什么困难，我一定要克服，在难过时，给自己一个微笑，什么事儿都能解决，因为，在我心底，我暗暗发誓，我不要做爸爸那样的人！

晴天就在眼前

"我一生最感谢的，是我的班主任，感谢她能给我这次演讲的机会，谢谢！"

四

场下掌声如雷，站在墙角的班主任眼睛早就红了。

那一次的家长会，深深地印在每一位家长的脑海里。

微笑的味道

胡晶晶

110

微笑，治愈的味道。

几年前的这座城市，公共汽车只有如今的一半大，那时的车还不是自行投币，而是由售票员收费。车上会存在两个人物，一位司机，总是沉默不说话，专心开车；另一位是售票员，整天都是骂骂咧咧的样子。我每天都会乘坐这样的红色公共汽车，在拥挤的人群里听售票员扯起嗓门的吆喝，满满的一车人也在听。车颠簸地行驶在路上，收票员放肆吼叫，辱骂的声音盖过破旧公共汽车的摇晃的声音。

从那时起，我就厌恶乘坐公共汽车，公共汽车售票员的形象已在我心中深深扎根。以至于每一次坐车，我都会站在最角落里，想要远离售票员。

直到有一天。破旧的公共汽车像往常一样停靠在我面前，车门笨重地打开，发出"哐当"的声音，车顶的小型电扇摇摇欲坠，落满灰尘，映入眼帘的是一根根掉了漆的铁柱和那些断了一半的扶手，露出深灰色的底色，显得格外贫瘠又荒凉，就是这样破旧的小车，每天载我跨过学校与家之间的距离。

抬头撞见一位中年的大叔，很高，而那灿烂的微笑映入我的瞳仁，与窗外如火的夕阳辉映，那憨厚的笑是很温暖吧。看着他的笑，不由得嘴角也勾起刚好的弧度。我越过他径直去寻售票员，往日这个时候，售票员应该早就吆喝着要买票了。环顾四周，竟未发现售票员，真是"千年等一回"。

一转身，还是那温暖的笑，像一股暖流，从眼中进入，传遍全身，他穿着黑色的外套，衣领已经起了褶子，显然是洗过很多回，牛仔裤也泛出点点白色，与一边泛黄的车座是那样的匀称，上下打量他，才注意到他左手上拿着一个小篮子。突然想到了什么，他竟然是售票员。我惊讶地看着他，他也在看我，四目相对，对方眼中的笑意早将我心中对售票员三尺的寒冰融为一潭清水，好像刹那之间就开出朵朵春花，心中的惊骇从潺潺流水化为了江河奔腾。

匆匆低下头去，却听见他"噗"地笑出声来，接着是爽朗的笑声，明丽清新又铿锵有力。我在满车的笑声中，仰起泛红的脸，将手中的一元钱递到了他的手里。

此后，我经常会遇到这位大叔，他那一如既往的微笑在潜移默化中治愈我与售票员深深的芥蒂。

工作的人们带着一天的疲倦坐车返家，学生背着笨重的书包回来，奔波的人们带着满腔的迷茫到达下一个要去的地方。这温暖的微笑一定治愈了所有人的忧伤。

微笑是最廉价的，也是最珍贵的。它不会浪费你的一分一厘，却能带来整个春天。微笑，与爱并肩的治愈的魔法。

晴天就在眼前

徐　娟

今天早上起迟了，心里有些莫名的不悦。

到了学校后，好友瑶重重地拍了我一下，吓我一大跳，我感到很不爽。她见我不出声，又拿起我的手，晃啊晃的，一直问我今天怎么了。我被弄烦了，一甩手，对她说："你好烦。"我径直回到座位，留她一个人站在原地，孤零零的。

中午放学，我本想等她，但想起早上的事，又感到很不好意思，就磨磨蹭蹭地收拾书包，看看她是否等我。我等了一会儿，看到她竟然跟别人走，还聊得很开心！我气得一个人回了家，连看都没看她一眼。

中午回家后，我开始胡思乱想起来。瑶会不会以后再也不跟我玩了？她会不会放学再也不陪我走了？想着想着，我突然发现瑶这个好朋友原来对我这么重要！我想跟她道歉，但碍于面子，我决定下午好好观察观察。

下午到学校，我有意和她一起走，但她却加快速度，向前走去，仿佛我是空气似的。还有上课时，她没带笔，我把笔推到她桌上，她却动都不动，转身问别人借。放学了，我向她打招呼，她却头也不回，甩过来一句："你烦不烦？！"

我的心理防线彻底崩塌，不就早上没给你好脸色看，至于这么做吗？

我默默地回了家，心里十分绝望，看来以后只能看得瑶和其他伙伴们的身影了。我这么想着，偶然看到了桌上的热带鱼，它们在欢快地游着。鱼缸这么铗小，为什么它们还这么快乐呢？我突然记起了一本书上写过：鱼的记忆只有七秒，七秒过后呈现在他们眼前的，依然是精彩新鲜的世界。

于是，我拿起手机，发了一条短信给瑶："瑶，鱼的记忆只有七秒，七秒过后，它们会忘记所有的不愉快，我们是否也能像鱼一样，忘记种种的不愉快，我们是否也能像鱼一样，忘记种种的不愉快，晴天就在眼前！"

第二天，阳光洒满大地，我和瑶欢快地走在校园里。我们眯着眼盯着蓝天，都抛开了心头的阴霾，是啊，晴天就在眼前！

113

我 的 外 公

姚 伟

我的外公已经七十多岁了。头上有一些银白色的头发，稀稀疏疏的，再加上个子有点儿矮，他显得有些憔悴。我的外公以前是个老师，但后来退休了，便在家里耕种。我是十分尊敬他的。

外公有四个女儿和一个儿子，他的这些儿女有的出去打工，有的在厂里上班，有的在城里工作，除了春节期间，很少回家探望他老人家。他显得寂寞，便种了一些庄稼，有时间就到城里来看望他的儿女，顺便捎些东西过来。他的生活也因此变得充实了。

　　一天，我正在房里悠闲地看电视，扇着电风扇，逍遥得很，突然，门外响起了一阵急促的敲门声。我急忙关了电视和电风扇，去开门看看是谁。哦，原来是外公。因为当时正值夏日，所以外公满头大汗，豆大的汗珠不时滴落下来。我喊了一声："外公好。"外公应了一声，便把肩上的扁担放了下来，将一个袋子给我，询问我："你妈在家吗？"我摇了摇头，说："不在。"外公便说他要到大舅家，先走了。我关上门后，打开袋子一看，欢喜得不得了，因为里面有许多我最喜欢吃的沙芋、西红柿等。但转念一想，外公下公共汽车后，抬这么重的东西到我家，也真不容易！我心里油然而生一种敬佩之情。

　　外公来我家很多次了。每次都是匆匆地来，又匆匆地去，抬着一些东西到我家，又背着一些东西离开我家。他，言语不多，所以我跟他的话很少。他虽然身材矮小，但是我认为他有知识，有智慧。

114

　　那一天，外公又来我家。我在吃午饭，旁边还有爸妈的朋友在喝酒、聊天。我就打开电视机看《百家讲坛》节目，外公坐在我的旁边喝茶。《百家讲坛》我是挺喜欢看的，但同时我还想外公看看节目，从中看出他是不是一个文化人，最主要的是不让他觉得无聊。电视里讲的是齐白石爷爷的故事，这好像很符合外公的口味。他曾两次对我说："齐白石最擅长画虾。"从他的眼睛里，我看到一种异样的光芒。

　　外公很平凡，但他的某种精神却一直打动着我。

我 的 外 婆

彭媛媛

春天来了，黄花菜摇摆着身子，小鸟愉悦地唱着歌，河水和小鱼欢快地玩耍，然而她还在忙碌着。

一头如银丝般的短发整齐的卧在她的头上，模糊的眼睛，小巧的鼻子镶嵌在她大大的脸上。她皱纹多了，真的，黝黑的脸上沟壑分明，像梯田一样，层层叠叠，脸上也长出许多黑斑，穿着一身宽松而简朴的衣裳。她，就是我的外婆。

还记得外婆初来我家的情景。以前，在乡下时，外婆的门前有一块小菜园。在那里面可有不少宝贝呢！外婆一年四季都会播种各式各样的蔬菜和瓜类食品，比如辣椒、茄子、西红柿、豌豆、花生等，还有黄瓜、菜瓜、香瓜呢！所以，一年四季我都能吃上新鲜可口的蔬菜。

外婆还养了许多家畜，鸡、鸭、鹅都有，空闲时，我会和外婆一起去放鹅。外公和外婆还种田，家里的田地外公和外婆都都会洒上种子，等种苗孕育好了，再一棵棵的往田里插，等待着收获的季节，这时，外婆便会对着稻田微笑，我总觉得外婆做这么多事很累，可外婆却开心的说不累。当我听到外婆爽朗的笑声和坚定的话语时，小小的我总觉得外婆力气可真大，就像一位大英雄。

如今，外婆老了。

外婆总很喜欢把破了的衣服补补再穿，每当外婆叫我帮她穿针时，我总会说："外婆，把旧衣服扔了吧！补上去的多难看呀！"外婆便会说："扔了干吗，只要能穿不就行了，哪像你们现在这些孩子，衣服多得都装不下，旧一点儿的都不穿！"我听到这话，便会笑着说："外婆你不懂，我们现在赶潮流，跟着时尚走，社会在进步。我们当然也要进步，哪能像您这样呀！"外婆听后便会说我歪理一大堆。

外婆身上哪儿都痛，脖子痛、肩痛、腰痛、关节痛，有时痛得晚上都睡不着觉。外婆还有糖尿病，每天和药离不开。这些都是外婆辛苦劳累所造成的，虽然一身毛病，可外婆却从未在我面前说难受，总是那么坚强。

人老了，话自然也就多了，一句话总是要重复几遍，总是很喜欢和我说她小时候的生活，但是话不到十句，便被我不自觉地掐断了，于是，只能默默走开。

外婆已经七十多岁了，这本该是她享福的时候了，可她整天忙忙碌碌的照顾我，我对外婆有无限的感激和敬佩之情。

耳边忽然响起周杰伦的《外婆》："外婆她的期待，慢慢变成无奈，只有爱才能够明白，她要的是陪伴，比你给的简单，把温暖放回口袋。"我下意识地摸了摸口袋，却发现里面空空如也。可我明白，那里，本该盛放着属于外婆的温暖。

我的"口水弟"

范旭升

"口水弟",我堂弟是也。今年三岁,长得圆圆胖胖,与国宝大熊猫很有几分相似之处。唯一不同的是,大熊猫不流口水。而他呢,口水却似乎和他很有缘分,嘴边是长流不断。唉!真拿他没辙。

疑是口水落九天

每个星期六的上午,他总要来我家"骗吃骗喝",而好客的奶奶呢,也总会做许多"口水弟"喜欢的菜。瞧!美味可口的鱼,新鲜红嫩的猪腰……这些美食呀,可让我那可爱的"口水弟"出尽了洋相。

看!佳肴端上来了。我的"口水弟"眼睛盯住蛙鱼、猪腰眨都不眨,嘴巴大得简直能塞下个鸭蛋。一条长长的口水立刻如庐山五老峰瀑布一般,慢慢地、慢慢地垂了下来,真是"飞流直下三千尺,疑是口水落九天"。不好!口水要滴到碗里了,眼疾手快的我立刻出手援助(帮他擦了一下),这才避免了一场"灾难"的降临。

唾沫飞溅如雨下

吃完饭，他死缠烂打地将我"押"入了房间，让我听他讲《狼和小羊》的故事。天哪！这故事我都听他讲过十多遍了。再说了，让一个三岁的小毛孩给我讲故事，传出去，还不把我的"一世英名"给毁了。唉！要不是婶婶在，我才不给他面子！

"哥哥，从前呀，有……有一只……"弟弟结结巴巴地开始讲了起来。瞧，他讲得正欢，唾沫星子也不甘示弱地唰唰飞溅，如无形的暗器向我脸上飞来，吓得我连忙将"防毒面具"（手）挡好，这才防止了一场"暴雨"的到来。

男儿口水如药膏

唉！我拿他没办法。听完故事，我便哄骗他到书房玩一会儿。过了一会儿，当我再去看时，眼前的一幕让我震惊了。只见他拿着剪刀正准备在我的作业本上开天窗呢！"我的作业！"我连忙嚷道，"我明天还要交呢！"我连忙跑过去夺下剪刀，"唉哟！"一不小心，我的手指被剪刀扎了一个小洞，鲜血一下子涌了出来。

"我……对不起！""口水弟"连忙抓住我的手指，"扑——"说着就朝我伤口处吐了一口口水，然后细心地揉了起来："哥哥，奶奶说口水是药，可以消毒！"

望着这个可爱的"口水弟"，我刚才的怒火一下子就烟消云散了，真是让我欢喜，让我忧的"口水弟"啊！

我的馋嘴弟弟

宋锦华

我的弟弟有个外号，叫"馋嘴猫"。

为什么他的外号叫"馋嘴猫"呢？因为他很好吃呗。那为什么说他好吃呢？那我就要详细地向你介绍一下他的"光荣"事迹了。

一次，家里来了客人，于是妈妈大显身手，使出了浑身解数，做了一桌丰盛美味的佳肴，香遍十里，让人闻了就想吃。妈妈说："今天家里来了客人，必须让客人先吃，这叫有礼貌，而且吃饭时也不能'狼吞虎咽'，不要让客人留下不好的印象。"我和弟弟都嗯着点头。

到了开饭的时间了，我们准备去吃饭，谁知这时出现了"强盗"，把菜吃了一半。这个"凶手"还在兴高采烈地拿着鸡腿在啃呢，当他看到我们进来时，便用他那还在咽着鸡腿的嘴说："不是我干的，是大灰狼来了，把菜吃光的。"我们看着他那样子，又好气，又好笑。两眼笑眯成了一道缝儿，嘴巴里还包着东西正在努力的下咽，两边红润润的脸颊上沾满了油，两手拿着两个鸡腿在啃。由于他当时才五岁，还够不到桌子，于是便顺着椅子爬到了桌子上去，结果被妈妈从桌子上抱下来了，要不是我们求情，他的屁股早就"开花"了。

正是利用他"好吃"这一弱点，他便成了任我摆布的"奴仆"了。

有一次，爸爸，妈妈有事外出，让我在家看着他，别让他乱跑。只是事不遂人愿，他央求我带他出去玩。我不干，结果他往地上一坐，趴在地上，号啕大哭。好烦人，正在束手无策之际，我灵机一动，用一袋"怪怪豆"来作为交换的条件。只要他乖乖地待在家里，哪儿也不去，这一袋"怪怪豆"便属于他了，他爽快地答应了。每当我需要他帮我做什么事时，只要以糖来作为交换的条件，他都会答应的。从此以后，糖便成了我对他发布"命令"，让他心甘情愿地完成的不可缺少的法宝。

看，这就是我的"馋嘴猫"弟弟。

请聆听鸟儿的诉苦

120

蔡一然

又是十年一度的鸟类欢聚会，到会的鸟儿稀稀落落，鸟类首领拿起签到簿，细细清点，一共才三千种。

鸟类的首领十分震惊："十年不见，怎么就来了这么点儿？！"

白鸽秘书长低沉地告诉首领，一些鸟儿因为各种原因去世，而另一些鸟儿由于它们的美丽和拥有甜润的歌喉，被人类关进了笼子，而现在，到会的只有这些普通而不为人类青睐的鸟类了。

首领神情沮丧："开会！"

"同胞们，放松一下吧！"首领极力掩饰自己低落的情绪，它想把气氛活跃起来，"云雀夫妇，请你们出来跳一支舞，好吗？"

大伙主动为那对最漂亮的云雀鸟让出一条道，但此时走出来的只有美丽却忧郁的云雀姑娘，大家十分奇怪，去听云雀姑娘用沙哑的嗓音解释道："我们来赴会，特地选择最安全的动物自然保护区的道路，可仍然没躲过猎枪……"云雀姑娘才短短说了几句，已泣不成声了。

鸟儿们的情绪都变得很激动，有的说刚出生的幼鸟被人类捉去玩耍，以致它们死于非命，有的说鸟蛋被人类掏去做美味佳肴；有的说它们赖以生存的树林被砍倒……连一直被大伙视为是人类朋友的燕子也伤心地叫苦："我终生勤勤恳恳地劳作，给人类的庄稼除虫，不过是借宿他们屋檐的一隅。可他们好狠心，捅下我们辛辛苦苦筑下的巢，我的命保住了，可孩子们都……"

首领再也忍不住了，它掩面而泣："看来，祖先给我们讲的故事《去年的树》真的要在现实中发生了！为了生存，咱们可不可以和其他动物相依为命？"

121

"还是小心为好。"一个饱经风霜的老麻雀开口了，"我的孩子中，好不容易有一只长大，可前几天，我带它做飞行训练。我专挑了片林子，那里没有人住，只有一条看上去慈祥善良的黑狗，我的孩子做俯冲运动时，落到了那黑狗身边，我忙跟过去，打算向黑狗问好，可它竟一口咬死了我的独生子，还衔着我的爱子跑向主人去邀功……"

欢聚会变成哭诉会，鸟儿们少了一份欢快，徒增几分悲伤。

听，树枝上的鸟儿还在哀鸣，"文明"的人类，你们听懂了吗？

我心中的烦恼

朱宏俊

　　我们学生也是有许多烦恼的，并不像大人所认为的"无忧无虑，每天都过得很快乐"。

　　你看我们，作业有时多得像小山一样，压得你连气也喘不过来。这些功课有时十分难，通常花上几个小时才解出一个题目，这烦不烦恼？

　　除了上学，我们大家都要补习，双休日的时候，我们早早地起床了，就是为了去补习。

　　钢琴课、美术课、奥数班、作文班……就这样，一个双休日度过了，我们根本就没有时间玩自己想玩的，还有看看动画片。补习完之后，我们还要赶双休日作业，时间真紧张呀！

　　一到暑假，那时间更短，两个月的时间，其中有一个月要去补习，那一个月中，天天早上都要起早，为的就是去补习，不迟到。

　　自从做了学生，玩的时间就少了，玩的东西也少了。以前的赛车，模型，直升机都没得玩了，只有安心地读书、学习。因为他们大人都说，那些模型、模具是给小孩子玩的。那些漫画，我们也没得看了。因为大人们说，那些东西只适合给小朋友看，而我们则应该多读一些名著和可以增长课外知识的书。

我们的生活可真是烦恼啊！方方面面，各种各样。唉！只好顺其自然了！

听　心

李清香

　　月夜朦胧，四周清冷，树影婆娑，一种恐惧感渐渐袭入了我的内心，月色如薄雾一般笼罩着我，月光如清冷的月华。那么柔，那么亮，我终于变得不害怕了。这时，我听见了一个声音，我循声走进，声音渐渐变大，它似乎在倾诉着"彼……彼岸"。我一下子如梦初醒，醒来时，冷汗已经沾湿了我的衣裳，我回忆起了从前。

　　从小到大，我都喜欢画画，记得小时候，我对那些动画片、漫画书可着迷了，真可谓是"走路看，吃饭看，睡觉想"。我小时的理想就是想当一名漫画家，为此，爷爷还精心送了我一幅画，名字叫"彼岸"。那是蓝蓝的天与蓝蓝的水交相辉映，还有一个石岸样的小梯子。我曾经凝望过无数回，那一抹蓝色似乎要将我消融，那另一岸的风光也使我心驰神往。我不懂得这幅画的意思，也不想去找到，我依然日复一日地借阅漫画书，也日复一日地描摹，一直到那一天……

　　我放学回家，父亲与母亲都对我板着脸，他们悠悠地开口道："你的漫画书我们已经没收了，还有，要专心学习，不要想不切实际的了，你看你，学习成绩一直在掉，怎么办？"我也急了，往书房一看，书桌上的漫画书都没有了，我知道争辩没有用的，便努力地学习，对漫画渐渐没了兴趣。

每一次经过客厅时，总能见到《彼岸》那幅画，我每一次只是稍一抬头，一瞥，就立刻匆匆地走了，我也不知为什么，好像是害怕面对着什么，我在逃避着什么。

我喜欢上了学习，就像我当初喜欢漫画一样，不论怎样，我总是努力，现在，我见到那幅画时，心已渐渐地平静。

进入梦乡，梦儿是金黄色的，耳畔，传来了一个老者的声音，他语重心长地对我说："孩子，理想换了不要紧，重要的是，它们都是一个漫长的过程，需要你不断地努力跨过那条河，心中要有一个方向，才能到达彼岸。"

彼岸？彼岸！

124

如星子滑过夜空

—— 聆听易安之心音

彭涵熙

初次和先生相见，是在我刚迈进学校大门的一个黄昏，从课外书中我见她荡在花园中的秋千架上，纱衣被香汗浸透，眸子中却全是少女的青涩天真。

"先生。"我轻轻唤了一声。

淡淡的朦胧的烟气让她美丽得如花的面容更是美不胜收，她歪着头，迷茫但掩不住温柔的笑。

远远的，我听见身后吟词的声音：

"……见客人来，袜划金钗溜，和羞走。倚门回首，却把青梅嗅。"（《点绛唇》）

我淡淡一笑，随即离去。

再度去拜访，已经是九九重阳了。那一天，黄花开得特别茂盛，舞风傲月，煞是好看。我的老师引领着我走进了你的世界，见你的书桌上有一叠被镇纸压住的彩笺，上面写的竟是那阕《醉花阴》：

"薄雾浓云愁永昼，瑞脑消金兽……东篱把酒黄昏后，有暗香盈袖。莫道不消魂，帘卷西风，人比黄花瘦。"

读毕，我默还其词，然后悄然离去。

我看着你幸福的面容，心中泛起一丝淡淡的伤感。先生，你可知幸福长不了啊！来日再见时，你是否会依旧幸福，抑或愁绝了千古？

不忍去看你一人在惊涛骇浪中苦苦挣扎。于是，我直接走进了那个连黄花都不胜寒的肃杀的小院。院内那所破旧小屋的门前，一个已然发如雪鬓如霜，气骨却不减当年"至今思项羽，不肯过江东"的老妪倚在那里。我的心一阵刺痛，但还是走上前去。

"先生。"我敛目行礼。

125

你看着我，凄然一笑，然后脸上稔熟忧伤的神情幻化成一生所有的记忆：家愁，国愁，天下愁。她抬眼望着萧瑟秋风，望着满院黄花，望着庭中青石桌上的那一壶薄酒，望着天上南归的雁阵，一字一顿地念出了那首倾倒千古的《声声慢》：

"寻寻觅觅，冷冷清清，凄凄惨惨戚戚……守着窗儿独自，怎生得黑？梧桐更兼风雨，到黄昏，点点滴滴。这次第，怎一个愁字了得！"

我听罢，深深鞠了一躬，又踏着满径的梧桐叶和黄花远去。身后萧索的秋风里，只有一人的身影在乱世烟尘中寻寻觅觅。

清照先生，你虽迈着历史的脚步渐行渐远，但你的才气和品格如星子滑过，照亮了历史的夜空。

往事就在眼前

卢 勇

往事如烟，往事如雾。这些事物总有一天会被吹散，但有些如岩石般坚硬的往事，却依旧历历在目，仿佛这件事发生才没几天似的。

记得在几年前的一个双休日，爸爸妈妈都不在家。当时还是一个小孩儿的我，正坐在电视旁津津有味地享受着那迷人的动画片，以致于连续好几阵的敲门声都没听到。外面那人见里面没回话，便又喊了几句，这才把我从动画片中给拉了出来。

我以常人惯用的口吻问道："谁呀？来干什么？"

这时，他见我终于答应了，便自我介绍起来："我是原来住这儿的，因为走得匆忙，把东西落在了这里，这次是来取东西的。"

原来住这儿的？来拿东西？不对呀！原来住这儿的那家人已搬走有一年多了，假如掉东西的话也不至于到现在才想起来吧。再说了，既然过了这么久才想起来，那就必定是不重要的东西，现在大车小车两地往这跑，不是浪费车钱嘛。更何况我们在搬来这儿的时候，这里一样东西也没有啊，真可谓是"空空如也"。

于是，我抱着侥幸心理又问了他一遍："你当我是三岁小毛孩儿呀？说！你到底是什么人？"

那人沉默了很久后又回答了："我是房东。"

不对！男房东几乎不到这儿来，通常都是女房东来，而且平时房东来都是在早上或晚上来的，现在怎么来了？再说了，他前面说自己是租客，现在又说自己是房东，这不是不打自招嘛！

想到这儿，我的心开始剧烈地抖动了起来，我壮着胆子再次问道："我别骗我了，你到底是谁！"

虽说我鼓足了勇气，但声音还是有点儿颤。并且在我说的时候，我从门后拿了一棍，作攻击之势，以防他破门而入。

他听后，便再也没说话了。周围又重归寂静，静得让人心里直发毛。

随后，他又问道："你母亲在家吗？我和她说话。"

"对不起，我妈妈上班去了，我爸爸在睡觉。现在是午休时间，我不想打搅他。"我一口回绝了他。

又是没有声音的寂静，心的抖动都能清楚地听见。

随后，传来了一阵越来越弱的脚步声——他走了？

我不敢放松警惕。我搬来了一个凳子，坐在门口，手拿木棍——看着活像守门神。此时，我的心也还没有平静下来，我想着，他到底是谁？他会不会冲进来？假如他冲进的话我能不能抵挡得住？……一连串的想法窜入了我的脑海中，害怕得我就算渴了也不敢喝水，生怕他趁喝水时冲了进来，让我猝不及防。

心理恐惧真可怕！就这样，我连坐了两个多小时，简直快把我紧张死啦！

后来知道真相的我，脸上露出了从未有过的轻松，真不该坐那么长时间！

这些往事现在已刻骨铭心地印在我的脑海中了，每当我蓦然回首，都会如翻照片般地静静地欣赏着他们……

晴天就在眼前

那次出门

王　静

终于，我来到了合肥的姑姑家。

这是一件多么高兴的事，不用被妈妈管制，不用再听到她那恐怖的河东狮吼。我可以自由自在地享受我悠闲的时光了，那叫一个自在。

不愿待在家中的我向姑姑提出建议，于是，第二天，姑姑请来了我的合肥好友——丹。下午，在姑姑的千叮万嘱下，我俩终于走出了家门。望着这个大城市，心里不禁泛起了迷糊，这个城市虽比不上上海，但也足够大得让我恐怖。我是方向感不好的人，如果不是特别熟悉，我想，头晕了也是很常见的。我拉着丹，小心翼翼地跟着她，生怕会走失在茫茫人海之中。

好不容易走到车站，上了公共汽车，我心里还是有点儿紧张。

公共汽车上的人挺多的，我们只是站着来迎接一路的颠簸。我们始终站在一起，手拉着手，仿佛是一个连体婴儿。有了空位子，也麻木地在原地儿站着，好像失去了"抢"的能力。其实，我们一方面是怕对方累着，另一方面，也是怕与对方走散，后来想想，我们也真傻。

剩下的时间里，我们去了杏花公园，在那儿，我们除了去游乐场，还有一件事儿，是接连的放生。丹的手机，时不时会打来电话，发来短信，是姑姑的，奶奶的，丹的妈妈的，她们都很不放心，总是会不厌其烦地打电话。

"你们要早点儿回来。丹，别把寒弄丢了，好好玩，要注意车辆！"看似普通的话语，看似应该的问候，看似很烦的短信，它们向我倾诉的是长辈的关心，好好珍惜。

亲人的缘分一生只有一回，以后就不会再相见，所以，要珍惜亲人的爱……

那次出门，很独特。

那次出门，很奇特。

因为有亲情、有友情……

生活就是一首歌

张逾晓

当我修长的手指从洁白的琴键上划过时，美丽圆润的音符被唤醒，落入我湖面般平静的心灵，荡起一圈圈细小的涟漪。

没有跌宕起伏的跳跃节奏，没有如歌如泣的悲落情节。是的，仅仅是一串音符，一群清新秀丽的精灵，却能谱写出同样清新淡雅的生活。

"嗨！校园'十佳少年'评比结果出来了！"我刚一迈进教室，同桌明亮而欢快的声音就响起了。黑压压的人群将走道堵得水泄不通。等待人群散尽后，我还是抑制不住内心的好胜欲，偷偷向名单那里一瞥，顿时如陷入谷底般失落。同桌的名字高高地顶在名单上，难怪笑得如此春光灿烂。

在放学回家的路上，我忍不住落下了几颗水晶珠，心里还在为"十佳少年"的事暗暗较劲。脑海里浮现同桌得意扬扬的神情，我便心生不服，凭什么他能占有所有机会呢？为什么我努力的光芒全会被遮挡得严丝合缝，渐渐变得如星光般微小，然后销声匿迹呢？

我打开笨重的琴盖，看着雪白的琴键，不由自主地将十指轻放在上面。婉转的《夜的钢琴曲》便从我的指缝间飞速滑出，能感受到曲子的灵气与丝滑。《夜的钢琴曲》舒缓和谐，偶尔几处高昂也不会超过五秒钟。弹着弹着我闭上了双眼，手指却不肯停歇地在琴键上灵巧地滑动着。周围的一切都模糊了，朦朦胧胧地我仿佛也化成了音符在房间舞动。刹那间，在微弱的灯光下一个音符被簇拥到琴盖上，依旧高傲得意的脸庞——我的同桌。她疯狂地跳跃着，钢琴曲便进入了不超过五秒钟的高潮阶段。我猛然清醒过来，我释然了，钢琴曲只剩下尾声。

生活就是一首歌，歌曲由一个个音符组成，我便是其中最为普通的音符。华丽的音符固然耀眼，但总有落寞的情节。因为生活是自由舒畅的，不可能永远处于歌曲的高潮，更多的还是普通音符的伴奏。只有它们才能营造出温馨和谐的生活局面，也是人们最心驰神往的生活。

时光且留住

　　时光荏苒，点滴的快乐、感动……构织成我们漫长的生命旅程。细细回想，那些细小事情的来源不正是每一个瞬间吗？就让我们去回味、去留住它们的精彩……

我们班的交响乐

张吉如

慷慨激昂的 C 大调

"那是我的干脆面，不许吃——啊——"一声惨绝人寰的号叫从身后传来。不用回头，也知道是懿和斌在上演方便面拉锯战。果然，后面的战场一片狼藉，斌眼睁睁看着懿把干脆面一把塞进嘴里，扫了扫嘴边的碎屑，摆出了一副得意的模样。斌无辜地眨了眨眼睛，咂了咂嘴："这是我的早饭啊！"然后，灰溜溜地拿了扫把收拾战场。

瞧那边，敏和乐又在叽叽喳喳地吵个不停了。"敏同学，我知道你人最好了，你就把我名字擦了吧。"只见敏怒目圆睁，双手叉腰，一副"泼妇样"："不行！"果然，是我们最最铁面无私的敏同学啊，好样的，大公无私！

整齐划一的进行曲

"那个那个，我跟你们说哦，最近韩国的那个组合F.TISland又出了新专辑哦，叫《Beautiful Journey》。里面的'爱爱爱'和'堂吉诃德的歌谣'都超好听的呢。"女生们把头凑在一起，聊着津津乐道的话题。我也把头插进去，聊七聊八的。"对对，FT里的主唱李弘基好帅哦。"我眼冒红心发表我的看法。"其实吧。我觉得吧。周杰伦的歌也蛮好听的。"然小心翼翼地说。"你搞什么啊，到现在还听周杰伦的歌。""是啊，是啊，土死了，现在谁还听他的歌啊，口齿不清，江郎才尽。"一番激烈的唇枪舌剑将然的话头压了下去，女生们异口同声地将周杰伦好好地批斗了一番。

看吧看吧，女生的座谈会是多么热烈，多么激情。

缓慢抒情的 B 小调

"这道题目中怎么解呀？""嗯，来，我帮你讲一下吧，看来你不太懂……"我们班也是不乏文静派的，男生中的文静派代表是伟，女生中的文静派代表是玲。文静派的同学充分利用课下时间，一个个都伏在桌上用功地做习题。

133

男生文静派的伟，真不知道是该说他文静呢还是应该形容他心灵脆弱，一句小小的玩笑话足以让他满面通红，然后不足三秒，眼泪就哗啦啦地往下滚。

一个个画面构成了一个美妙的课间，一位位独一无二的同学组成了一个独一无二的八班，一段段迥异的乐曲奏响了这动听的交响乐。

我们的课间

李立国

经过一堂课的辛苦奋战，我们十分钟的放松时间终于来了。同学们就像是一只只久关在牢笼里，十分渴望探索外面世界的小鸟一样，一个个都兴高采烈，那种高兴是无可比拟的。然后就是：我的课间，我做主。

在课间，同学们的身上都散发着活力，但是有时也活泼过头了。同学们有的三五成群的待在一起，有的像"独行侠"一样喜欢独来独往……在这段时间里，也有像勇一样的"书呆子"总是待在自己的座位上，在我的记忆之中，每一次下课，勇几乎都没有离开过他的座位。我十分"同情"他的孤独，有时候，我也会找他聊天。要么，我看着他不是在发呆，就是在做作业、看书，我都要感到有一点儿气愤。课间活动一下就是要放松一下自己，更好地迎接下堂课。不信，你听、你看，同学们有的在打闹，有的在聊天，那一个个精彩的片断，难道对你一点儿的诱惑力也没有吗，勇？

在课间里，同学们都显得十分有活力，精力体力就像永远也使不完一样。以至于我们制造的噪音太大了，那一次的事，我至今都记忆犹新。那件事是因为我们班制造的噪音实在是太大了，连隔壁班的考试都影响到了。其结果不用脑子去想都知道，当然是班主任把我们严肃地批评了一顿。但是这件事也从侧面衬托出了同学们课间的精彩，以及同学们旺盛的精力。

"班主任来了！"这句话在我们班的课间时常能听得见。"情报员"一传回这个清息，同学们就像老鼠见到了猫一样，闻风丧胆地回到了座位上坐着，装出一副乖巧的样子。有时班主任在走廊上看风景，同学们会有说有笑地聊了起来，但又不敢大声地说，像蚊子一样的声音，那才叫一个有趣、精彩！当然，在我们的课间还发生了许多精彩的事。学生们如兔子一般活泼，但是一见"老鹰"——班主任，就乖乖地回到了安全的笼子之中。

这，就是我们精彩的课间。虽然课间里有点乱，但是同学们都觉得很高兴，让人回味无穷。

我的精彩六年级

彭媛媛

小学阶段似一个汉堡包，最底层的一片面包是一二年级，他们充满好奇而又无忧无虑，最顶部的一片面包是六年级，他们满怀期待而又活力四射，因此最独特而又丰富多彩。

飞 速 上 学

"哎呀，快迟到了。"我咕哝着，忘记了老班的反复告诫：骑车要慢行，安全第一。赶紧踩着脚踏车如风一般地"飞行"着，被踩得如"风火轮"的车胎发出吱吱的声儿，我又看了一下时间，赶紧加快速度，脚都踩软了，眼看就要到学校了，意外却发生了……随着"砰"的一声，我的车停了，天哪，我真是疯了，车胎竟然在这时爆了。还好，我灵机一动，干脆把它放在修车那里吧！我一边跑一边狠狠地说："这该死的破车……"真是"欲速则不达"啊！

课 上 尴 尬

数学课上，眼睛随着老师的粉笔在移动。思维马不停蹄地奔跑。老师扶了扶眼镜观察底下状况，环顾一会儿，又继续讲课。数学老师可是一个精明的人，他常说："看你的时候是在侦察你，不看你的时候是最危险的时候。"老师的话让我们想开小差也难啦！老师写写，又问问，似乎发现了异样，我察觉到老师的眼光扫视着每一个角落。老师向台下走去，同学们的眼睛随着老师的步伐在转动，我们都看到了那个同学还在笑呢，老师走过去，"×同学，你说这个题该怎么解？"×同学这才意识到老师来到了身边，慢悠悠地站了起来，呆呆地不知老师在说什么。×同学说话被老师逮了个正着，满头雾水地对着题目，我想：×同学应该期待着下课吧……

多 彩 体 育

同学们排好了歪歪扭扭的队来到操场，每次上体育课必先跑一圈。正好，老师没来，我班同学的自觉性一下子就消失了。她们三三两两地走在一起聊着天，时不时地小跑，时不时地追逐，时不时地走着……一圈总算"混"完了。大家集合在一起，老师满脸严肃的来了，用极高的音调说着："你看看你们，一个个跑步就像在逃难，东一个，西一个。"同学们被老师的话逗得哈哈笑。"还笑，跑步都不认真，跑步也能反应一个人的素质……"老师长篇大论，这堂课到底是品德课，还是体育课呢?

看吧! 六年级的风景描绘出生活的绚丽，叙写出生命的灿烂。

时光且留住

夏 青

时光荏苒，点滴的快乐、感动……构织成我们漫长的生命旅程。细细回想，那些细小事特的来源不正是每一个瞬间吗? 就让我们去回味、去体会它们的精彩……

情意绵绵无绝期

夏日的早晨，没有雾气，太阳已被烤得火热。大家都汗流浃背，却仍要坚持做着广播体操。突然，一向体质很弱的小A终于是抵不住高温，"轰"地坐倒在地上，班主任见势大跨步上前去扶住他。只见他脸色苍白，喘着粗气，看样子虚弱极了。同学们一下子如受惊的蚁群慌乱起来。班主任一脸镇静，安抚大家说不要紧，自己扶着小A往班里去。课间操结束后，小A趴在桌上一动不动。班主任捧着一大把糖风风火火冲进来。大家不明所以，只见老师把糖推到小A面前，不住地说着："血糖太低了，要多吃些糖啊，巧克力怎么样……"说

时光且留住

着，便剥开糖往小A嘴里塞，小A迷迷糊糊地张嘴，小声说道："谢谢老师。"因着这个瞬间，同学们忽然感到这个夏天没有那么热了。风里夹杂着巧克力的醇香，分外甜蜜。这个课间，因为一种师生情而变得精彩。

因为明白你的心

临近小学毕业的那些日子感觉到分外难受，而学校食堂也不知道"怜惜"我们这些莘莘学子，饭菜依旧是索然无味。我们往常一样，将饭盒一推，抱出大摞卷子开始复习，倏地听见一声响，还没来得及有所反应，一大堆零食便劈头盖脸地砸下来，随即便看见W气喘吁吁的样子，我正想斥怒她发哪门子神经时，她却拿着零食先吃起来；边吃还不忘口齿不清地说着："同志，身体是'革命'的本钱，不吃咋行？快吃快吃……"边说边把食物往我这边推。我看着她在盛夏中午濡湿的衣衫，略微踌躇，佯装镇定地拿过零食吃起来。可心底却已是酸涩一片，这是这么久以来，自己一直苦苦寻觅的一种情吧。这个课间，因为一种同学情而变得精彩。

谢谢你一直在这里

我在五年级时为竞选大队委员而十分努力。没有想到的是竟以几票之差而名落孙山。先前所抱以的希望和所有的准备全在瞬间湮灭。那个课间，我躲在女厕所的单间放声大哭，不仅仅因为失败，还因深感不公平。没有想到的是几个好友竟然找到了我。她们一脸正气地为我打的不平，末了，小G拍拍我的肩膀吸吸鼻子说："同志，我一直相信你是打不死的'小强'，希望你别令我失望。"我在一瞬间戛然停止了哭泣。这个课间，在吵闹的厕所里，没想到竟给予我一种别样的感受。

任时光匆匆，这些精彩的课间将被我永久地留在了心里，随着时光，不会老去……

我 的 故 事

杜心兰

上六年级以来，我第一次因一个我讨厌的人而感动。

某天晚上，眼睛不舒服，去卫生间照了镜子，才发现眼睛红了，到了医院才知道眼睛发炎了，顷刻间，我仿佛明白了什么……

"敏，你怎么哭了？""没有啦，我眼睛发炎了，被我弟弟传染的。""哦。"这是一段我与敏当天的对话。再次想起敏的那双像大哭过的，肿得如两个小核桃般的红眼睛，还的的确确与我的有几分相似，难道……脑海里，又蹦出这样一幅画面，体育课上，马上要跑四百米的我与敏紧张地握紧了双方的手；而又在回班级时，睫毛吹进眼睛，我又用手擦了擦。

因为这么一个简单而容易被人忽略的动作，我被传染了……

第二天早晨，异样的目光朝我投来，并发一声又一声的叹息。

这时，传出一声此时此刻我最想听到的声音"I hope you feel better soon。（我希望你快点儿好起来）。"说这话的人是懿，我不禁用怀疑的目光去打量他的全身，"真的，我真的希望你快点儿好起来。"

懿的话是令人多么质疑，他的祝福，总是显出那一份不真切，他的祝福就像是被花言巧语加工过的嘲笑，毕竟，我和他是水火不相容的。

以前，懿总是捉弄我们女生，体育课上，女生们所"追打"的对象更是他，在女生面前，说话不算数，所以，我对他自然没有好印象。他说的那番话，我也只是无所谓地当作他开的一个小小的玩笑。

可惜，我不是预言师，"魔鬼"也有改邪归正，变成"天使"的时候。

下午的自习堂，懿对我说："兰，你没事儿吧？"第二节课下课，懿又说："我真心希望你快点儿好起来。I hope you feel better soon."每当我看到他的时候，他不再做鬼脸，傻呵呵地笑着，朝我打着招呼。

我明白了，祝福是包含着真切的，招呼是透着诚恳的。

在眼睛发炎的那段时间，除了敏向我表示歉意外，懿是唯一向我送上祝福的人，这是我最惊奇的感动。

我想，懿的祝福，仿佛让我看到了一个与往常不大一样的毕业班。

假如我是家长

陈锦华

终于有一天，我小孩儿的身份被废除了。我收到了一封信，信上说："你被任命为家长。"我太高兴了，终于可以实施我的"教育方案"啦！

孩子三岁时：教他背唐诗宋词，一天背一首，背不会的话，嘿嘿！那就别想吃饭了。

孩子四岁时：让他坐在钢琴前，不管他是哇哇大哭还是双脚乱蹬，反正一天练三个小时，要不然长大怎么成为钢琴家呢？

孩子五岁时：让他学画画，不管他能不能拿稳笔，因为我相信——世上无难事，只怕有心人。

孩子六岁时：白天上幼儿园，晚上回家后，一定要写一小时的书法，不管他是不是感到枯燥无味。

孩子七岁时：背上书包去上学，每天六点起床，晚上十点睡觉。回家做完学校作业再做我布置的作业。

我要和他约法三章：一、在班上成绩要名列前茅；二、作业不能有任何错误；三、每次考试都要满分。若违反以上规则，那他就完蛋了。比如作业出现错误，要订正二十遍；考试没考到满分，不仅要分析原因，还要重做一遍；至于星期天，也不许出去玩，留在家中写作业，写完后，还得弹琴、写字。

我的教子目标是望子成龙，我的教子原则是铁面无私、毫不动摇。

可是没多久，我收到一封信，信上说："由于你教子过严，方法不当，所以不称职。你被撤职了！"

我的故事

朱宏俊

每当我路过自行车棚时，便会想起我十岁那年发生的趣事。

那年的中午，我正站在楼下等候哥哥。就在我快等得不耐烦的时候，哥哥骑着一辆崭新的如火一般的自行车向我驶来。他把车子停在了车棚里，向我走来。他走到我面前对我说："最近小区内有偷车贼，你上楼下楼时多帮我看一看，别让这车被偷去了。很贵的，是别人借我的。"

说罢，便上了楼，我也紧随在哥哥的后面。吃罢午饭，父母都去午睡了，哥哥又在写作业，只有我一个人闲着没事。我只有去看电视了。

电视里正在播放《名侦探柯南》的动画片，电视中的侦探柯南十分勇敢，十分聪明，靠自己非凡的推理能力和灵活的应变能力为警察抓捕了不少罪犯。

我想，既然当侦探这么容易，我为何不当一次呢？正好可以把小区里的偷车贼抓住，为民除害。

说干就干，我找到了一副望远镜，戴了个大帽子，便在房间里观察起来。可是在家中向外望，看到的地方有限。我只好又穿上运动鞋，下楼去了。

我站在楼下四处观望，终于找到了一处好的观察点。在这个地方，既可以观察到整个小区，又可以隐蔽而不被发现，这个地点就是——垃圾箱后面。

　　我在垃圾箱后面侦察了好长一段时间，还是没有什么可疑的人出现。就在我正准备打道回府的时候，一个穿黄色衣服，戴着黑色大墨镜的青年走入了我的视线，他十分可疑。

　　他的个子和哥哥的个子差不多高，身材也和哥哥差不多，梳着一个中分头。这个人好似在什么地方见过，但一时又想不起来了。

　　顾不了那么多了，看看他是不是贼，如果他是贼的话，我一定要抓住他。

　　他先在自行车棚转悠了几圈，把每辆车子都看了一遍，似乎是在看那辆车好一些，容易偷走一些，可以把价钱卖得高一些。

　　终于，他把目标放在我哥的红色自行车上。他悄悄地走了过去，从口袋中掏出一串钥匙，打开了车锁，正欲骑走。我一看情况紧急，便冲了出去。

143

　　"站住！"我大喝一声，随即冲了上去，一下子把那个贼给扑倒在地。

　　我把那个人的墨镜摘下来后，啊，是我哥他们班的同学小陆，经常到我家和我哥一起写作业的那个同学，怪不得看着眼熟呢！

　　他怎么会是小偷呢？我百思不得其解。噢，原来这辆车是他的，不过借给我哥骑，现在要拿回去了。他向我说明了情况，掸了掸身上的尘土，告诫我："以后抓贼一定要抓对人，不要抓错了！"我不好意思地吐了吐舌头。

　　就这样，我的侦探生涯以失败而告终。

我终于读懂了我自己

姚 伟

人最难认识的是自己。现在，我终于明白这句话的意思。我也是过了好长时间，才读懂了我自己。

长期以来，我一直认为我的人缘差，所以朋友才少之又少。事实也如此，我并不擅长于人际交往，而我人缘差的缘由也曾想过，只不过始终感觉不正确。现在，我知道了，我不擅长口头的言辞使我的人缘差，而我口头的言辞差是因为话不想一想便说错了。所以，只要我胆大，热心，会说话，我就会有许多朋友。但是，这三个条件我很难具备，难道我一直人缘差吗？

我总是向往陶渊明那种"采菊东篱下，悠然见南山"的生活状态。或许是我出生在乡下，对乡下有着深厚的感情；或许是我更喜欢乡下的空气，乡下的生活，我想像陶渊明那样，做一个平凡的农夫，勤勤恳恳地过完一生。不过，乡下已经没剩多少人了，因为大多数都到城里来了，但我依然想留在乡下。

我是一个很爱哭却又很爱笑的人。有时，我哭都不知道我哭什么，只感觉心里难受，便哭了。有时，没有人惹我，我却也哭了，是触景生情的，还有多愁善感罢。我喜爱看小品和相声，它们能让我很开心，有些小品和相声我都看几遍了，我还看，还不时发出笑声。

我的作业速度慢，我无论干什么事都小心翼翼的，"小心驶得万年船"嘛，因此，爸妈总是批评我。

　　我看懂了我自己，但却看不透我自己。我的个性特点还是以后再仔细发现吧。

快乐的三人世界

王　静

　　我家的生活是简简单单，不需太奢侈，不必用最华丽的词语去形容，"快乐"一词是足够的。

　　经常在童话、故事书里看到——古代男耕女织的生活是幸福的，历经百般曲折的王子与公主在结局中团圆是美好的。这样曾在人们脑海，令人浮想联翩的画面，带着千丝万缕的憧憬与期盼，也仿佛只是过眼烟云。

　　那些是被人们插上翅膀种子，接二连三地去飞向梦幻的天国，然而，脱下翅膀，也不过是颗平凡的种子，但很真实。

　　曾为了节约时间，懒得到爷爷家吃完饭再回去，于是，我养成了让爸爸带饭的习惯。一次，爸爸拎着饭桶回到家，用很温柔的口气问我："今天去迟，没菜了，要不要去买点儿卤菜？"我迫不及待地点了点头，爸爸听到之后，马上穿上外套，跑下楼去了，我想，这一定是帮别人做事最积极的一次。

　　爸爸爱我，我爱爸爸。心灵上架起了理解的桥，使我俩心意相通。

这架桥梁是我们友好的基础，有了它，快乐也会敲开我的门。

曾经一次，×明星要来我们这儿开演唱会，可以说，这个消息让我们全班女生热血沸腾，课下也议论纷纷。虽然并不想去，但好奇心却一下地占领了我的心房，想去问一下，妈妈怎样对待我想去的这件事。在饭桌前，我故意提到此事，又提到女生们怎样的兴奋，说到此事怎样的稀奇，将妈妈一步一步地引向我的目的，突然，我神秘地问："妈，如果我也想去呢？"本以为会劈脸一棒，可是，妈妈却是这样说的："你想去就去，那是你的自由。"

对，这是妈妈对我的理解，还有的是妈妈对我的自由。

理解，自由，它们的结合便是快乐。

我想，普通的种子为它浇灌了快乐，无论是幸福，是美好，都不在话下了。

快乐的三人世界，是美好的世界。

146

"老顽童"外婆买衣记

梅 倩

今天真高兴啊，外婆来了！要知道，外婆可是一个名副其实的"老顽童"，她一来，家里就欢乐多多，趣事多多。

这不，今天星期六，我又在睡懒觉了。外婆见了，拍着我的屁股说："小懒虫，还不起床，太阳都晒屁股了。"我不理会外婆，仍沉浸在美梦中。外婆见我还不起床，便摆出一副大家长的样子："都8点了，再不起床下午就别去买衣服了！""不去就不去。"我嘀咕道，嘴上虽这么说，但我心里却有着一千个不愿意。

外婆看我开始心动，便又生一计，她大声喊道："堂堂的'三好学生'竟睡懒觉，还不听家长的话，狡辩，我等一下就打电话跟你们老师说。"我一听，急了：要真和老师说，我面子岂不丢光了？我连忙爬起来，恳求外婆别告诉老师。外婆见我那"熊样"，偷偷地笑了。不好，我中计了！外婆怎么知道老师手机号码呢？哎，外婆可真聪明啊！

下午，我们来到了贸易中心买衣服，可是我一连试了好几件都觉得太小了。外婆在一旁风趣地对我说："该减减肥了，不然以后胖了可都没衣服穿了。"我回答道："不吃饱了哪有力气减肥呢？"我的一句话让外婆顿时哑口无言。可外婆也不是好对付的，她反击道："是啊，那你有力气吗？"我心想：外婆这葫芦里到底卖着什么药啊，便说："当然有啊。"外婆听了，得意扬扬地笑着说："你既然天天都有力气，那你天天都能减肥哦！"

我当场说不出话来，傻呆呆地望着外婆。可我狡辩的功夫也是一流的，我说："我现在正在长身体，不吃饱了会长不高的！"外婆又笑着说："那你今天吃饱了吗？""当然吃饱了"。我说。这时，外婆对我说："你既吃饱了，又有力气，为何不能减肥？"

我张口结舌，回答不出来了。看来外婆不仅仅是一个幽默风趣的"老顽童"，还是一个聪明机智的"智多星"呢。

瞧，这就是我的外婆。哟，不好，外婆又跟在我的后面要找我"理论"呢，呵呵，我先溜了！

我的个人空间

鲍书吉

"吱——"我从门后探出半个脑袋，像小老鼠般敏锐地洞察着一切，见没有危险，飞快地奔向我的"秘密基地"。

打开房门，走进去，顺手反锁房门，一扬手，书包不知飞向何方。这时，我便开始我的狂欢。

我光着脚站在床上，手拿从厨房里顺手牵羊的胡萝卜，大声说道："男生们，女生们，公主们，王子们！大家好！我是你们最最喜爱的包子！说得多好！鼓掌！"然后自顾自拍起手来，而我对面的玩偶们，一动不动地看着我一个人表演。

"接下来，就请我们的super star——包子来演唱《山丹丹开花红艳艳》！"我又假装粉丝，尖叫起来："哇！包子！包子！"然后又表演明星，唱起歌来："山丹丹那个开花哟红艳艳——"弟弟猛捶房门，大叫："姐啊，不要再鬼哭狼嚎啦！该吃药了！"我隔着房门冲他喊："我吃了兴奋剂，如果你再打扰我，我就让你进来近一步欣赏我的天籁之音，好不好啊？"只听一阵脚步声匆匆而过，随即一声关门声。

接着，我又飙高音，唱起《青藏高原》。引来了爸爸妈妈，我的房门一次又一次饱尝重创。妈妈愤怒地踹门，大叫："快开门！把萝卜还我！我要做饭啊！"爸爸则盯着门上的牌子"除包子外的人免进"一脸无奈。

最后我不得不出来了，我那狗窝窜出好几只大"米奇"将我赶了出来。爸爸去借邻居家的猫，我窝在沙发上一脸不高兴。妈妈笑说我像个小孩子。我说："我还真想变成小孩子呢！现在的社会逼迫我不得不像个小大人，当大人太累，一点儿都不快乐。我不想事事小心谨慎，事事担忧，但生活不允许我违反规律。我只得在我一个人的时候尽情变成一个孩子，享受这短暂的快乐、童心。你们大人的世界太烦躁，太无聊，我不愿进入。那在我小小的世界中，也请你们别把痛苦带给我。"

猫很快清理了大老鼠，我兴奋地回到我的小小世界里去。

妈妈对爸爸说："我想我们不该将大人的烦恼带给她，我们不要再打扰她了。"接着从房间里传来我的那"嘹亮"的歌声，妈妈黑着脸说："我后悔了……"

149

我的个人空间

蔡一然

一间不大的小屋，便是独属我的个人空间了。

屋前是几棵高耸入云的水杉树，棕黑色的树皮十分不平整，每一根树枝上众多的小叶子别具一股生机和活力，哪怕是严寒，光秃秃的枝丫都格外刚毅、挺直。

小屋位于第二层楼，正是一个"登高望远"的好地方。时常独立于走廊，或低头看一看层层叠叠的青石泥板，感受一片古雅的恬静；或抬头瞧一瞧那自由自在的飞鸟，向往能像鸟儿一样飞翔，穿越云彩之间。

走进屋，小巧的房间被布置得井井有条，有书桌在窗前独享天气的多姿多彩，有柔软的床在等待主人的光临，有布满书籍的书架在静候主人的欣赏……

这是一个洋溢着粉红的空间。

水泥地是被妈妈精心粉刷成的粉红色，窗帘是那充满温馨的粉红色，粉红色的床单总让人感到暖暖的。在这个小小的空间内，是一片粉色的气氛。周日的时候，坐在桌前，独自品味一本书，思绪像粉色一般开阔。

这是一个洁白如雪的空间。

墙壁是雪白的，爸爸妈妈似乎想给我属于我的一片宁静、纯洁、美丽、淡雅。心烦意乱时，走入小屋，面对白色的宁静，顿时心神舒畅。感谢白色，是它给予了幻想，白色的墙壁如空白的画纸，任我的遐想画下一道道弧线。

这是一个充盈绿意的空间。

墙壁上悬挂着四幅松、竹、梅三兄弟的"合影"，互相点缀，相互依衬，绿意浓浓，充满着生机和快意，看到绿色，总让心情舒畅，那交通灯中不只有绿色才意味着畅行无阻吗？多看绿色对眼睛是有好处的，连这样的纸上之绿也是如此。

这是一个回味着蓝色的空间……

书桌旁边的一块木板上，是我独创开辟的一个园地。上面有我的画，有剪报，有漂亮的图片……这些内容零零星星，似乎还眨巴着眼睛，繁多却不失气势，这也算得上是个人空间的一点点艺术吧！

爸爸妈妈很少走进小屋，他们给了属于我的一片自由。小屋很神奇、美好，给我了无穷的乐趣火花……

美丽的风景就在眼前

朱宏俊

　　"快点儿！"老妈又在喊我了，"山顶快到了，加把劲儿，赶快爬上来吧！"一听就知道这个人在爬山，而且快到山顶了，但就是没劲了，爬不动。这个人就是我。

　　今天刚好是双休日，我便和爸爸妈妈一起爬山游玩，没想到现在却又爬不动了。我站在山腰处，"呼哧"地喘着粗气，满头大汗，样子狼狈极了。这都是长年不锻炼惹的祸，导致人长得胖，爬山也爬不动，只好一个人先休息一会儿。

　　我一边喝水，一边向山下看。哇，好高呀，我的心顿时停止了跳动，因为我有恐高症。我一屁股坐了下去，再也起不来，望着山下那美丽的风景也无心去观赏了，只一心想着怎么样才可以逃走。

　　这时，爸爸妈妈已经走远了，可我却还在这儿停滞不前。在那一刻我真想"哇"的一声哭出来。但是我想了又想：我堂堂一个七尺男儿遇到这么小困难就哭了，传出去还怎么见人啊！我理了理心情，强忍着害怕站了起来。但一想到自己站在这么高的地方，又想坐下去了。在这两者中，我难以抉择，只好用硬币来选择了，结果，继续向上前进。

　　我欠了欠身，又喝了几口水开始向山顶前进了。我努力使自己不

151

时光且留住

去想这么的高度，我以蜗牛般的速度向山顶爬去，终于，我爬上了山顶，看到了爸爸妈妈正在山顶拍照留念。

他们一见到我，立刻叫我过去与他们一起拍照，我去了，但每一张照片都是我扶在栏杆上照的，我怕掉下去。于是，爸爸妈妈都笑我是个胆小鬼，还强制性地让我向下看。我拗不过他们，只好向下看。结果我发现这山下的景色远远比我在山腰时所看的要美，或许，经历了磨难后的东西看起来会比经历磨难前更美。

如此美妙的景色已经深深吸引了我，什么恐高症，见鬼去吧！我只看到美丽的风景就在眼前！

夏日里的风景

崔俊娴

152

夏天，街上有许多瓜农，推着一车西瓜，吆喝叫卖。太阳灼烤大地，他们却在炎炎烈日下等待着，等待着用他自己辛勤的汗水换来收获的喜悦与幸福。

小区门前，经常有位老人来卖瓜。每天，他总是很早就来到那片树荫下整理一个个可爱的大西瓜。西瓜带着露珠，像瓜农那张笑容满面的脸。城里的人们没有瓜农那么勤快，当太阳正式升起时，才有人来买瓜。这时，小小的瓜摊忙活了起来。他拿起一个瓜，拍了拍，说道："大姐，这瓜保证好！"于是，抱起瓜，称了称，足有十多斤。买瓜的人越来越多了，他更忙了，顾不得擦汗，顾不得喝水，乐呵呵的，抱起一个又一个绿油油的西瓜。

妈妈带我去买瓜，老人依然笑盈盈的，笑得那么和蔼，那么慈祥。老人佝偻着背，戴着草帽，肩上搭个毛巾，满是皱纹的脸上有双炯炯有神的眼睛。一身普通的衣褂映着那身黑黝黝的皮肤。

妈妈边选瓜边和老人说话："老人家，您这么大年纪还卖瓜呀！"老人开心地笑了："老了，没事做，种些瓜玩玩，反正闲着也是闲着。党的政策好，现在农村富裕了，不光卖瓜，还卖家乡有名的花香藕，一季能收入好几万元呢，这日子过得，好啊！"说着，还仰起头，笑眯眯的。妈妈选了两个瓜，递给他，又说："老人家，您过得真幸福。"老瓜农一听，又来了劲儿，放下瓜，对我们说："我家儿子盖了一栋新房比城里小别墅还漂亮，家用电器应有尽有。我有几亩地，还承包了一个小果园……"妈妈打开了老瓜农的话匣，他滔滔不绝地说着，脸上洋溢着幸福的笑容，久久地荡漾……

中午，太阳更肆虐，他不顾太阳的火辣，又摆弄那几个西瓜，给上面洒洒水，又拍了拍。过了一会儿，他坐在树荫下，拿出一大壶茶与几个馒头，大口地吃着。看着卖出的瓜，我想，他也一定很快乐。无数颗汗珠滑过他的脸，我觉得它像西瓜那香甜的汁水，一直滑，滑到他的心田。

品尝着老爷爷的西瓜，我又想起那烈日下卖瓜的身影，我想，这是夏日里最美的风景。

我向往自由

徐 娟

作为一名学生，我知道自己的自由是相对的。

但今天，我想逃掉作业的束缚、父母的唠叨、老师的教诲，用心中的画笔来勾勒出自由。

清晨的阳光

每天在学校和家这两点一线中来回奔波，似乎忽略了生活中很多美好的东西。在某个休息日的清晨，不知是被叽叽喳喳的鸟儿叫醒的，还是被那莫名的花香吸引住，想急于探个究竟。我起床把窗帘掀开，一道阳光不偏不倚地照射在我身上，虽然眼睛快要睁不开，但是暖融融的，就像快要化掉的冰淇淋一样。我透过手指的缝隙去看太阳，金灿灿的，它发出的光却黄得温馨暖人。好惬意，好自由哦！

慵懒的午后

在某个慵懒的午后，美美地睡上一觉，想想都觉得是一件再自由不过的事了。或许是阴天，天气阴暗得像一张忧郁的脸，整个房间暗暗的，躺在床上，犹如晚上，但又不是那么寂静；或许是雨天，窗外的"滴答，滴答"似乎是一首非常优美的催眠曲，闭上眼睛，欣赏着动听的音乐，慢慢地沉入梦乡；或许是一个艳阳高照的大晴天，阳光稀稀疏疏从碎花窗帘中透过来，折射出一点一点的阴影，给人一种十分舒适、松弛的感觉。我喜欢慵懒地在午后睡觉！

清爽的夜晚

当月亮悄悄地爬出来，天上无规律地散布着几颗星星。漫步在公园里，时不时扑面地吹来一阵凉爽的晚风。有时还听得到蝉声或许还有蛐蛐的声音。屏息之时，甚至能判断出这些调皮的昆虫藏在哪处草丛中。沿着月光小路，纵横交错地走着，偶然一抬头，看到了一株绽放得热烈的小花，顿时被一股浓郁的芬芳包围。可是突然又被一股风吹淡了，不过似乎淡淡的香味才适合淡淡的月光。

对我来说，自由是件很简单的事，晒晒清晨的阳光，在慵懒的午后做个美梦，在夜晚漫步中吹吹凉爽的风……

我向往自由，更期待自由！

享受生活

蔡凌寒

享受生活的一点一滴，感受生活一点一滴的美好。

——题记

时光且留住

我的性格比较躁。这是奶奶评价我的。

可能因为这样，生活也有点儿乏味单调，就像一朵不能结果的花，所以就尝不到果实的甘甜，只能无所事事地去羡慕别的花，抱怨上天对我的不公平，用恶意的眼神去看待所有的事物。直到我看见这个故事，直到我遇到琴。

故事中的女主人公就像现实生活中躁躁的我，她也没有快乐。一次，同学聚会，她遇上了一名初中同学，她的同学只穿朴素的衣服，但面她们，脸上没有一丝的难为情。通过交谈，她在她同学的话中体会到丝丝快乐与自在。

她的同学告诉她找到一份新工作——只是在酒店里当服务员，根本没有她自己所在的单位好，同学还说，她的丈夫孩子都很健康……听着听着，她发现，原来，生活的美，生活的乐趣，都被她所忽略。当她重新开始生活，她觉得，一切都沉浸在美好之中。

这就像我的朋友——琴，我敢说，她是我们全班最乐观的人。

一天，她告诉我，狗很喜欢她，还亲了她一口呢。一开始，我的的确确没听明白，后来，她把裤脚卷上来，才发现有个牙印，原来，她被狗咬了，但是，她仍然笑嘻嘻地告诉我说："你猜，我怎么对付它的？我跑上楼梯，跟它对着叫，怎么样，我气死它。"琴的脸上，仍有笑容，那种笑是开朗的，乐观的，丝毫没有要掩饰的意思。

她们全都教会我怎样去享受生活，怎样去爱生活。

是啊，每个人的生活，每件事情，都是会有两面性，只要抓住事物美好的一面，枯燥的云雾便会自动散开，消逝，离你会很远很远……

你是我最感激的人

温雅婷

在我的一生中有很多人值得我感激，父母、朋友、亲人、老师……但是，我最感激的人，永远不会随着时间的推移而改变。

吴老师是我最感激的人。

还记得吴老师初来我们班上时的情景：班内吵吵闹闹，吴老师身穿蓝黑色的长裙，盘起来的乌丝下是有着慈祥微笑的面孔，但受到班内吵闹的环境影响，她的笑容渐渐淡去，如水中波澜般渐渐消散，只留下眉间那紧皱的眉头。老师在门口站了约五分钟，才缓缓走上讲台，但同学们并没有因老师的到来而静下，而是不知为何吵闹得更厉害了，大有"山雨欲来风满楼"之意。

只见吴老师手上拿起一本书，高举过头顶，忽地狠狠打在讲台上，只听"啪"一声巨响，原本就已千疮百孔的讲台悲鸣一声，同学们也突然似哑了一般。整个教室鸦雀无声，弥漫着紧张的气氛，窗外的知了不知情地继续它的演唱，但却给教室更添上一份不安。

老师阴沉着脸，原先面容慈祥的脸上现在却是愤怒到突起的青筋，恍若一条条纵横交错的小河。终于，在沉闷的教室中爆发出一声有力的喊声："起立！"全班整整齐齐"刷"的一声站了起来，就好像是即将冲锋陷阵的军人们在等待长官的指示，没有人敢乱动，大气也不敢出一声，这时哪怕是一根针掉在地上都听得见。虽只是一刹那，但老师那与慈祥外表所不相符的严厉的性格和炯炯有神的双眼早已深入我心。

若说到对吴老师另一面的认识，那便是开学典礼后的星期天晚上……

我与父母一起去商场购买食材，当我将水果蔬菜带到收银台前排队时，猛然察觉到有人在轻拍我的后背，我转身一看，看见一位约四十岁多点儿的妇人慈祥地望着我，对我说："温雅婷，你也来商场买菜吗？"我一愣，心想：为什么这位慈眉善目的阿姨会认得我？难道是同学的妈妈吗？我细细思考着，盯着这位妇人的脸，努力回忆着自己在哪里见过她，思考许久，脑中好似有一根线搭了起来：我想起了开学时在我们脑海中留下深刻印象的那位发起火来就令人发指的老师，脑中模糊的印象渐渐显现。

我有点儿惊讶地带着不确定的语调试探性地说了一句："吴老师？"她疑惑地问："怎么了？对了，你是一个人来的吗？"我摇头道："不是，我爸妈在那边。"一边指向在左边看水果的爸妈，我小跑着过去向我父母介绍吴老师，吴老师朝我微微一笑并挥了挥手与我们道别。

老师的笑容，令人从心底感到温暖，令我安心，以至于我至今都未忘记老师那随心一笑，便如阳光中的向日葵。

在这之后，又过了一个学期。

在一次单元测验过后，老师抱着改完的试卷和几块香气扑鼻的花生饼进来了。您走上讲台说："这次单元测验只有两个人上90分，上了90分的可以拿一块我家乡的客家花生饼。"我不禁心想：唉，一定没有我。但没想到我这个念头刚闪过便被打消掉了，您提高了声调宣布道："这次的最高分是温雅婷96分！这次温雅婷同学的进步非常大，我给她挑一块最大的花生饼！"

同学们鼓起掌来，我红着脸对您细声细气地说了声："谢谢老师。"您鼓励我道："加油哦！"我十分感动，从此以后，我的语文越学越好，上台领"奖"的次数也越发频繁；我也不再悄声细语，而是大大方方地讲话；老师提问时我也勇敢地说出自己的答案，不会再小心翼翼地不敢吱声……

　　在我的一生中，最感激的人是谁？这看似是一个很难回答的问题，对我来说却是简单无比，最感激的人——吴老师便是了……

我心目中的班主任

吴思诗

　　我们的班主任薛老师是一位平易近人、和蔼可亲的好老师。她身材中等，脸庞上总是带着微笑，一双明亮的大眼睛，眼神中透露着淳朴、温情。她为教育事业尽心尽力，时时刻刻关爱着我们。记得三年级刚开学，薛老师任我们的班主任，那时我们和老师十分陌生，非常胆小，上课举手的同学几乎没有。我更是胆小，常低着头一边想问题，一边担心着：会不会叫到我呀？"吴思诗！"老师恰好点到了我的名字，我把头埋得更低了，几乎快碰到桌子了，脸红得像个苹果，但是"军令如山"，我还是慢慢地站了起来，结结巴巴地回答着，声音小得像蚊子叫似的，我似乎成了一只受惊的小鸟。这时，老师不但没批评我，还亲切地对我说："回答正确，声音再响亮些，不要紧张，就更好了。"看着老师那充满鼓励的目光，我鼓足勇气，响亮而流利地回答完了问题，老师竖起大拇指表扬了我。就是这课堂上的第一次，使我们感受到宽松的课堂氛围，以后都能积极地举手发言。薛老师，您讲的课是那样精彩，吸引着我们一双双渴求的眼睛。又是您，一遍又一遍不厌其烦地教导着我们，浇灌着我们，您为我们付出了多少辛勤的汗水啊！

我的阳光地带

蔡凌寒

160

姑姑是我记忆里最强烈、最温暖的阳光，她是我的阳光地带。

在我的家谱里，除了表哥表姐，姑姑也算是与我年龄相差最小的了。从小到大，我与姑姑是最亲的，有时甚至超过了妈妈。

小时候，我印象中朋友不多，每次从幼儿园回来，我也总是幼稚地缠她给我讲故事，或是让她陪我玩幼稚的游戏，姑姑总是不厌其烦地陪着我，仿佛她是五岁大小的孩子。

当我到了上学的年龄，姑姑也去外地上大学了，那时候，我才觉得，不知为什么心里好空。我知道，我不可能再有往日那么长时间与姑姑相处了。于是，往后，等她暑假回来，我便过分地列出一张清单给她，说是对她的惩罚，但是我心里不是滋味。

再到大一点儿，我便试着不去想她。当她回来的时候，我总会去拉着她去吃麻辣烫。一次，我们去吃的时候，我点得有点儿多，姑姑怕我吃不消，关切地说了一句话："你能吃这么多？"这时，好心的店主说了一句："吃不了，你妈妈帮你吃。"这句话，我笑了，姑姑却急，忙和店主解释。我在想，我有像姑姑这样的妈妈多好，至少，在别人眼里，我是她女儿呢。

有时，与她一起看电视，谈起明星，我们谈得是津津有味，十分投缘。

姑姑就像我的知心朋友，有开心的事与她一起分享，有了烦恼，我们共同承担。她像每天早晨我眼前的阳光，还没有享受够，它却已经夕阳西下，令人期待第二天从窗口射进的那一种温暖的感觉。

如今姑姑已经在合肥工作了，回家的次数也少了。

风轻轻，吹起了我记忆中的风帆；雨沙沙，滋润着我对她的思念。

在我的内心深处，有这么个地方，那是姑姑留给我的阳光地带。

奶奶的石榴

包 喆

真的，我没吃过那么好吃的石榴。

在记忆中，有这么一个人，齐耳的短发，小小的眼睛，和蔼的声音，也许用和蔼形容声音并不适合，但我实在想不出比这更恰当的了。

她，是我的亲戚，但她比我亲奶奶还要好，在此，我尊称她为奶奶。

小时候，当我推开门看见桌子上那一个个滚圆而饱满的石榴时，我就如那咧嘴笑的石榴一般笑了，然后飞奔着扑到奶奶的怀里。奶奶便笑着帮我卸下还来不及放下的沉重的书包，顿时我的疲倦也如书包般"卸"下来了。

我欢天喜地地拿来石榴，却怎么也打不开，不禁嘟起了嘴。这时，奶奶便笑着拿过石榴，怕刀不干净，竟用手扳开了，如玛瑙般鲜红的小石榴露了出来。我不由得流下了口水，奶奶看着我那馋样，用手抠下一些，往我嘴里送。

那甜又酸的汁液从我嘴里溢出来了，她就用手帕帮我擦干净，那洁白的手帕开出了几朵梅花。亲奶奶在一旁嫉妒了："看你们俩，真像一对亲密的祖孙俩。"我笑了，奶奶也笑了，那张脸像开了花似的，仔细一看，还有三个小月牙，天籁般的声音不断响起……

当我难过时，奶奶帮我治疗心中的创伤，当我生气时，奶奶抚去我心中的怒火；当我闯祸时，奶奶说道理给我听……

然而，天使也有折翼的时候。

五年级时，传来噩耗——她走了。但石榴成熟时，她的儿女还是会送来一些石榴，连爸爸都扳不开，我很惊讶她怎么做到的。打开石榴，那一个个鲜红的石榴竟和她的心一般红！原来，那一个个石榴是她充满爱的心。

写到这儿，我不禁鼻子酸酸的，抬头看看屋顶，硬把眼泪忍了回去。

她的好，深深烙在了我心里，石榴就是她的象征。至今，我不喜欢石榴，是因为怕想到她，也是因为世界上再也没有她亲手喂我的石榴好吃。

真的。

石榴，

奶奶的心，

都在我心里……

醒悟的瞬间

汪　晨

　　放学了，风吹得雨斜了，好冷。

　　她站在学校门口，瑟缩了一下脖子，咬咬下唇，叫住她的一个朋友："今天我去你家睡！"她们的身影消失在风雨的深处。

　　这边，她的父母在桌上摆好了饭菜，焦急地等待她回来。

　　一个小时过去了，两个小时过去了……天渐渐黑了。她的父母坐不住了，撑着伞来到路口翘首盼望。风和雨将人冻得手脚僵硬，他们搓着手、跺着脚，可左等右等就是不见她的踪影。

　　父母商量了一下，便急匆匆地散开去寻觅他们的女儿……

　　第二天清晨，她的父母疲惫地呆坐在家中，眼圈红肿，目光散乱，家中死一般的沉寂。忽然，父亲站了起来："再找找，找不到就报警！"本该洪亮的声音却是这般嘶哑，然后默默地出了门。

　　就在这时，她回来了，母亲高兴得跳起来，十分欣喜，当看到她一脸淡然冷漠的样子，母亲突然暴怒起来。

　　母亲尖利着嗓子，怒问："你昨晚去哪儿了？怎么不带信回来？你知道我和你爸爸找了你一整夜吗？"听到母亲这么说，她心里咯噔了一下，一股说不出来的滋味在心底滋蔓开来。她眼前浮现的是过去每每回家时所面对的总是空荡荡的大房子和冷冰冰的豪华家具，还有父母留给她的那几乎是永不变更的字条："爸爸妈妈忙着出去挣钱了。你要吃什么，或是需要什么，自己去买，钱就放在衣柜的抽屉里。"于是她放下书包，口气平淡地说："朋友家。没必要。我也不知道。" 她的态度更加激怒了母亲，母亲气愤地推搡着她的肩膀："什么没必要，你知道我有多担心……" "够了！"她忽然转过身，歇斯底里地朝着母亲吼道："你凭什么管这么多？说是担心我，那这些年来你除了给我钱，给我买东西，你又给了我什么？你有关心过我？有问过我到底需要什么吗？你从没有！"

母亲惊恐地瞪大了眼，布满血丝的眼里充满了迸裂的震惊和伤悲。但母亲竭力地抑制住自己，缓缓地闭上眼，两行眼泪分明地从脸颊簌簌而下，她颤抖着声音说道："你——刚回来，好好休息。"然后拖着沉重的脚步， 跟跟跄跄走进里屋。

那一瞬间，她感到了释放后的快感，但更多的却是道不尽的难过。她撇过脸，正对上不知什么时候已回来的爸爸的目光。爸爸，哭了？！这一刻，她的心像是被浸在苦涩的汁液来，有着说不透的苦涩。她扭头跑进自己的房间。 也不知过了多长时间，她出来倒水喝，隐隐约约听见父亲与母亲在说着些什么，她仔细地听着。"我们错了吗？我们……一直想给她最好的，却忘了她最需要的……" "我们……是那么爱她呀，她怎么……怎么就一点不领情呢？" "世上有那么多的乖孩子……我们怎么就这么失败呢……"她静静地听着，终于止不住内心澎湃——爸爸，妈妈，难道真的是我错了？她的眼泪夺眶而出。

也就在这一瞬间，她才知道父母原来是很关心她的；这一瞬间，她才觉得自己是有些任性了；这一瞬间，她才懂得了父母一点儿——为营生东奔西走，劳累繁忙，加之文化水平不高，不善表达交流，但却有着两颗炽热的心；这一瞬间，她才终于明白：生活中不应该无端地责怨父母对你的关爱，其实他们是天底下最心疼爱你的人！我们做儿女的要常怀一颗感恩之心！

而原来的她却怎么那么糊涂无知呢？她，就是曾经的我。

幸福是一种追求

张浚哲

"幸福是什么？就是猫吃鱼，狗吃肉，奥特曼打小怪兽。"这是网络上流传的一句话，曾几何时，我也把这样的安逸和享受当作是一种幸福。

暑假刚开始，我想："哈哈！终于放假了，什么事都不用做，好好地放松一下。"于是，我每天早晨，一觉睡到自然醒。起床之后，饱餐一顿，直到肚子撑不下为止，接着就开始玩电脑游戏。整天哪，是玩累了睡，睡醒了吃，吃饱了玩，作业不写，家务活不碰。一开始我觉得非常舒服，非常惬意。可几天之后，我就觉得浑身没劲，特无聊，尤其是我那"将军肚"是日增夜长，越发膨胀。我决定放弃这种"猪"一样的"幸福"生活。

我报名参加了暑期航模培训班。在骄阳似火的盛夏，许多人都躲在家里吹空调，而我却顶着烈日，到学校参加航模班的活动。为了参加航模大赛，我买了一个特别难装的模型。拿到了我梦寐以求的拼装模型，我豁出去了，平时不爱动手的我，如今只得一边对照安装说明书，一边在老师的指导下动起手来。航模组装不仅要细心，更要有耐心，有时一个小零件需要反复调试几次才能安装到位。时间不知不觉

时光且留住

地溜走，我已经没有了时间的概念。

　　功夫不负有心人，经过我的不懈努力，航模终于拼装完成，只是胶水没干。这时，一位同学从我身边经过，我的航模被他衣服上的拉链钩住，落到地上，摔得七零八落，彻底散了架。前功尽弃，我暴跳如雷，欲哭无泪。真想撒手不管了，但我看到图纸上那帅气的摩托艇，看到别人完成后那无比自豪的样子，我一咬牙，一跺脚，又重新开始拼装。教室里没有空调，天气炎热，汗水一滴一滴地落在航模上，我擦干汗，又一心一意地拼起来。终于一艘漂亮的摩托艇诞生在我的手中！当我把浸透着汗水的摩托艇重新展示在同学们面前时，引来了一片啧啧赞叹声。那声音宛如天籁把我推到了幸福的顶峰！

　　那一刻，我终于知道，幸福不是安逸和享受，而是不懈的追求。它藏在不懈追求的路途之中，只有经历了长途跋涉的艰辛，才能品尝到幸福的甘甜滋味。